ちくま新書

ルポ 若者ホームレス

飯島裕子
Iijima Yuko
ビッグイシュー基金
Big Issue Kikin

883

ルポ 若者ホームレス【目次】

第一章　若者ホームレスの現実　007

第二章　若者ホームレスと家族　067

第一章　若者ホームレスの現実

都会の真ん中に人知れずたたずみ、一人、時間をやり過ごす。（撮影：高松英昭）

†プレステを持ったホームレス

まだ肌寒さが残る三月中旬の土曜日、東京・池袋の公園で行われている炊き出しに出かけた。配食は夜六時からだが、その二時間前には炊き出しを求める人たちの長蛇の列ができる。並んでいるのは、五〇代、六〇代と思しき中高年男性が中心だが、若者や女性の姿もある。一〇代後半と言われても不思議ではない、まだ幼さが残る色白の若者はiPodを握りしめながら列に並んでいた。ジャケットのフードを目深に被り、耳をヘッドフォンで覆ってうなだれている彼は外界との繋がりを完全に断っているように見える。

同じ列の中には、その場にしゃがみこんで携帯ゲーム機「PSP（プレイステーションポータブル）」に熱中しているイケメン風の男性もいた。iPodの若者同様、他人と目が合うのを拒否するように下をむき、ゲームの世界に入り込んでいる。スタジアムジャケットにヴィンテージ風の加工が施されたジーンズを履き、流行の黒縁メガネをかけている彼は、土曜の夜、そのままデートや合コンに出かけても何の不思議もない格好だ。どこからどう見ても〝ホームレス〟には思えない彼、森内竜也さん（仮名・三〇歳、以下全員仮名）に話を聞くことにした。

森内さんが路上に出たのは、二〇一〇年一月のこと。派遣で千葉県にある軽自動車組み立て工場に勤めていたが、二〇〇九年一一月、派遣切りに遭った。それから一ヵ月半ほどは、建設日雇労働者として飯場に住み込みで働いたが、年が明けると同時に仕事はほとんどなくなり、飯場を出ざるを得なくなってしまう。手元にあったのは、現金一万円のみ。

最初の数日はネットカフェに泊まったものの、所持金はすぐに尽き果て、路上生活を送ることになってしまった。そんな森内さんが真っ先に訪ねたのがハローワーク。「仕事さえ見つかればどうにかなる」と考え、連日、ハローワークや求人誌で仕事を探しているが、二ヵ月が経った時点で見つかっていない。

「最大の問題は住所がないこと。何社かは面接にまでこぎつけたんですが、今の状態を話したら落とされちゃいました。ハローワークの職員も「このご時世、普通の人でも厳しいのに住所がなくちゃね」って感じの対応で……。自分の場合、家がないんで、住み込みか寮付きじゃないとダメなんです。給料も日払いでないと最初の月給が出るまで持ちこたえられない。そうやって条件が増えちゃうから就ける仕事の数も減ってしまうんですよね」

森内さんは山梨県の出身。二歳の時、父親が家を出てからは、母親が女手一つで森内さんを育ててきた。

「おふくろは仕事をかけもちして自分を育ててくれました。夜は水商売だったと思うんですけど、俺はいつも部屋で一人、おふくろの帰りを息を潜めて待ってました。仕事、仕事で、授業参観日なんかに来たことは一度もなかったけど、それでもおふくろにはすごく感謝しています」

母子家庭で貧しかったことを理由に、小学生のころは、靴を隠されたり、コンパスで背中を刺されたり、クラス全員に無視されたりと陰湿なイジメを経験する。

「先生も見て見ぬふり。片親だったから甘く見られてたんでしょうね。助けてくれる人は誰一人いませんでした」

しかし中学で野球部に入ってからは仲間ができ、イジメはなくなったという。

「野球は道具買えないから無理だなと思ってたら、顧問の先生がユニフォームからスパイク、グローブとか全部揃えてくれたんです。そのかわり毎日地獄でしたね、指導が厳しくて（笑）」

高校を卒業した後、地元の工場に正社員として入社したが、上司とそりが合わず三カ月で退職。その後、実家を離れ、甲府市内のホストクラブで働き始めた。

「まだ一八だったんで、年齢を二歳ごまかして入りました。月に四〇～五〇万円くらい稼ぎましたよ。飲ましてナンボって世界なんですけど、自分が飲まなきゃ始まらない。ウイスキー用の氷入れる容れ物あるじゃないですか、アイスペールっていうんですけど、それにウイスキーを満タン入れてまわりに万札をベタベタ貼って「これ全部飲んだ人にお金あげる」って言う女性客がいるんです。自分負けず嫌いなとこあったんで「やります」って一気して「失礼します」ってトイレ駆け込みましたよ。数えたら一五万ありました。そうやって体当たりで客つけていったんです。そうしたら二年で肝臓壊しちゃって、医者にこのまま続けたら死ぬよって言われて、二〇歳で店を辞めました」

もう水商売はこりごりだった森内さんは、パチンコ店に勤めることにする。

「求人誌で見つけました。当時はパチンコが好きだったんで従業員になれば詳しくなるかなってその程度の考えだったんです」

まじめな働きぶりが評価され、入社して三年、二三歳の若さで店長に抜擢された。仕事は朝から深夜にまで及ぶこともあったが、やりがいがあり、充実した毎日だった。

「月の売上目標立てて、スロット設定したり、釘打ったりする。やった分だけ結果が出たんで面白かったですよ」

仕事に没頭していた森内さんは仕事を始めてから、実家に帰ることはおろか、母親ともほとんど連絡を取っていなかった。

「仕送りするつもりでいたんですけど、「貯めておいて将来使いなさい」って言ってくれたんで結局そのままになっちゃって……。仕事が仕事だから心配するだろうなと思って、何となく疎遠になっていたんですね。俺、母親が一七歳の時、産んだ子なんですよ。だから一八歳で家出た時は母親はまだ三五歳だった。「お前が手を離れて、ようやく第二の人生楽しめる」って言ってたから邪魔しちゃいけないって思いもありました」

二七歳になったある日、休暇が取れた森内さんは久しぶりに母親に会いに行くことにした。ところが故郷に帰ってみると実家があった場所は駐車場になっており、森内さん母子が住んでいたアパートは跡形もなく消えていた。

「意味がわかりませんでした。大家さんの家に行くと、母親が三カ月前に亡くなっていたことを知らされたんです。死因は脳溢血。四四歳でした。親戚が後始末に来て、俺の連絡先を必死に探していたそうです」

森内さんはその足で九州の親戚のもとを訪ねた。

「『たった一人の息子が葬儀も出さないで何やってる』って怒られました。俺はショックを通り越してもう何も考えられない状態で、おふくろの墓参りだけさせてもらって速攻で帰りました。親戚とはそのことが原因で半ば、縁を切られた状態になっています」

†路上で過ごす夜の恐怖

森内さんはその後しばらくは精神的に参ってしまい、仕事が手につかなかったという。それでも何とか立ちなおりつつあった彼を不運な出来事が襲う。

「店に怖いお兄さんたちがイチャモンつけに来たんですよ。そういうことは日常茶飯事で、それを収めるのが自分の仕事なんですけど、その時は絶対やっちゃいけないのわかってるのに、何かが切れちゃって、相手を殴っちゃったんです。それが警察沙汰になって、体面上、店長を辞めざるを得なくなりました」

会社側からは店長からの降格と別店舗への異動で不問にすると言われたが、森内さんのプライドがそれを許さなかった。

「店長からいきなりヒラになるっていうのは、やっぱり耐えられなかったんですね。いい機会だし、貯金もある程度貯まったから、新天地で出直そうと思って、パチンコ店の先輩頼って東京に行くことにしたんです。荷物が多かったんで、新宿駅まで先輩が車で迎えに来てくれました。トランクに荷物入れたら、その先輩に「急な仕事で寄るとこができたから、駅で少し待っててくれ」って言われて、新宿プラプラしてたんです」

ところが何時間待っても先輩は戻って来ず、携帯電話もつながらない……。仕方なくその日はカプセルホテルに泊まった。翌日、その翌日も先輩と連絡が取れない。ようやく森内さんは、自分がはめられたことを悟ったという。

「荷物の中にはそれまで貯めてきた貯金通帳と印鑑も入っていたんです。慌てて銀行に行きましたが、手遅れでした。警察も冷たい対応で、目の前が真っ暗になりましたよ。今もその先輩は指名手配中ですが、逮捕には至っていません」

その後森内さんは、通帳とは別にもっていた現金五〇万円を元手にカプセルホテルに泊まりながら仕事を探し、千葉にある工場で派遣社員として働くことになった。

「軽自動車工場のラインでの仕事でした。寮付き、三交代制で給与は月二〇万円程度。遊びとかに使っちゃってほとんど残りませんでしたね。パチンコとか、あとゲームが好きなんでゲームセンターとかよく行ってました」

しかし二年弱で派遣切りに遭い、冒頭に書いたようないきさつで路上生活を余儀なくされたのだった。これまで路上に寝たことなどただの一度もなかったという森内さん。

「夜、外で寝たらそのまま死んじゃうんじゃないかと怖いんです。だから一晩中起きていて、昼に公園のベンチで仮眠を取るようにしています。ずっと睡眠不足でいつも頭がもうろうとしてる。あたたかい場所で寝られるってことがどれだけ大切かを、この数カ月、身に染みて感じます」

生活保護を申請することも考えたが、ホームレスの場合、無料低額宿泊所などでの集団生活を経なければ受給できないことを知り、諦めた。親戚や古い知人などに頼る道もないではないが、「今の状態を知られたくない」ため、連絡を取る気はないという。

「泣きついちゃったら終わり。自分が普通の人より〝負けてる〟って気持ちが強い。だから金借りるとかそういうことで、これ以上、負い目みたいなの感じたくない、人の世話にはなりたくないんです」

炊き出しなどで他の路上生活者と軽く会話を交わすことはあるが、決して親しくすることはない。

「あの人たちと仲間になっちゃったらもうおしまいって意識あるんで一人で行動してます。最近、マイナス思考ばっかりで落ち込むことが増えました。ゲームをやってる時だけ、唯一気持ちが落ち着くんです。「売って金作れよ」って言われるかもしれないけど、でも数千円にしかなりませんからね。ソフトはいくつか売りましたけど、これは衣類に次いで絶対必需品なんです」

一日も早く就職先を見つけ、住居を確保したい――逆境の中にあっても強く生きようとする森内さんにとって、たった一時でも過酷な現実を忘れさせてくれるゲームは、かけがえのない大切な物になっているのだろう。

†炊き出しには並びたくない

森内さんのように「一人でいるほうが落ち着く」と話す若いホームレスは多い。駅や公園などで仲間と群れて暮らすホームレスのイメージとは対照的だ。しかし路上でホームレスが襲われる事件が頻発する状況の中、複数でまとまって寝ることは身を守る意味もある。食事を分け合ったり、炊き出しや生活保護などの情報を得るためにも、他のホームレスとゆるく繋がっていることは重要だ。

一人で過ごす理由については、「ホームレスの集団が怖く、中に入っていけない」「若いと使い走りをやらされるのでイヤだ」「人に気を遣うタイプなので落ち着かない」、そして「路上のホームレスと一緒に見られたくない」という理由を挙げる人も多く見られた。

同じような理由で炊き出しに積極的には行かないという人もいる。島田正彦さん（二九歳）もその一人。

「家がないからホームレスなんだけど、ほんとのホームレスじゃないっていう変なプライドみたいのがある。そこまで行っちゃうと立ち直れなくなるんじゃないかって思うんです。それにイヤじゃないですか、ご飯一杯のために何時間も並んだりするんですよ」

安西豊さん（三七歳）は炊き出しの列に並んだことがあるが、雰囲気に馴染めなかったという。

「二度ほど行きましたが、あの列の中にいるのがダメなんです。横入りしたとか何とかって、言いがかりつけてくる人もいて、もう面倒だわって。〝お前はホームレスなんだ〟って烙印押されてるみたいなのが、ダメでしたね」

ではどうやって食いつなぐのか？　役所でカンパンをもらうという人やデパートの試食コーナーを利用するという声もあった。デフレの影響か一〇〇円程度で食べられるハンバーガーやカップ麺などが巷にあふれている。少ない所持金をやりくりし、そういった食べ物で食いつなぐほうが炊き出しの列に並ぶよりいいと考える若いホームレスが多いようだ。

炊き出しに並ぶこと、ホームレスの集団の中で生活することは、自分で自分をホームレスと認めることになる。「家がないからホームレスだけど、ホントのホームレスじゃない……」という島田さんの言葉に象徴されるように、そもそもホームレスとしての自覚に乏しいのだ。

†若者ホームレス≒ネットカフェ難民

現在の状況をまるで他人事のように語り、ホームレスであるという認識がない若者たち。しかしそれはある意味、当然と言えるかもしれない。

たとえば島田さんは、いつも路上で野宿しているわけではなく、お金がある時はネットカフェ等で過ごしている。

「どこで寝るかは懐次第。ネットカフェやマンガ喫茶は贅沢できる時だけ、安くなる時間帯を中心に使いますね。だからどの店が安いとか、クーポンが使えるとか、そういう情報は常にチェックしてる。マックで夜明かしってこともよくあります」

飯島とビッグイシュー基金が行った「若者ホームレス五〇人聞き取り調査」でも「主な寝場所」として野宿のみを挙げた人は二四％に留まり、六六％はネットカフェや二四時間営業店舗などと野宿を併用していると答えている（調査結果は二八－二九頁に掲載）。

この結果からも、彼らは路上だけで過ごしているのではなく、状況に応じてネットカフェやファーストフード店などの二四時間店舗を使い分けていることがわかる。彼らは「若者ホームレス」であると同時にいわゆる「ネットカフェ難民」でもあるのだ。

「ネットカフェ難民」という言葉がメディアによって初めて使われたのは、二〇〇七年一月のこと。同年、厚生労働省は通称「ネットカフェ難民調査（住所喪失不安定就労者に関する調査）」を実施し、その数は五四〇〇人に及ぶと推計。また利用者の年齢分布を多い順にみると、二〇代（二七％）、五〇代（二三％）、三〇代（一九％）となり、二〇代、三〇代の若者が約半数を占めることが明らかになった。

若年雇用の非正規化、貧困化に対する関心が高まりつつある中、〝若者が家を失い、ネットカフェで暮らしている〟という事実は「ネットカフェ難民」という奇抜な言葉とともに、メディアを通じて瞬く間に広まった。さらにネットカフェにさえ泊まれず、ファーストフード店で夜明かしする人々を〝マック難民〟として紹介するなど、報道は加熱していった。

しかし実際には、ネットカフェだけ、マンガ喫茶だけ、ファーストフード店だけ、サウナだけ……を選んでいる人々はほとんどおらず、〇〇難民という言葉で線引きすることは何の意味もないばかりか、問題を矮小化させかねない。「どこで過ごすか？」は問題ではなく、「住む家がない、ホームレス状態」そのものが問題のはずだが、そもそも日本のホームレス政策においては、「どこで過ごすか？」に重きが置かれがちだ。

†若者ホームレスとは誰か？

若者ホームレスは、ホームレスとしての自覚に乏しいと書いたが、そもそもホームレスの定義とは何なのか？

二〇〇三年に成立した「ホームレスの自立の支援等に関する特別措置法」では、ホームレスを「都市公園、河川、道路、駅舎、その他施設を故なく居住の場とし、日常生活を営んでいる者をいう」と定義しており、ネットカフェやファーストフード店などの屋内施設はこれに含まれない。この定義に従えば、ネットカフェ等を中心に過ごす若者ホームレス＝〝ホームレス〟であるかは曖昧であり、彼らがホームレスとしての自覚が乏しいのは無理からぬことであるだろう。

ちなみに海外ではホームレスの定義はどうなっているのだろう。EU加盟国では、日本が定義するところの「路上生活者」に加え、知人や親族の家に宿泊している人、安い民間の宿に泊まり続けている人、福祉施設に滞在している人なども含んでいる。

また「聞き取り調査」では、約半数の人が何らかの理由で住む場所を失った後、しばらくは、ネットカフェ、マンガ喫茶、友人宅等で過ごしていたことが明らかになった。

「貯金がある程度あったので、最初はカプセル（ホテル）に泊まってたけど、そのうちお金が減ってきたので、サウナやネットカフェって感じで安いほうに移りました。あり金が尽きて路上かと思うと本当に怖かった」「仕事辞めてしばらくはネットカフェにいたんですけど、ある日荷物を全部盗まれちゃってそれからは野宿です」

彼らはいきなり野宿状態に陥るのではなく、ネットカフェ等を経由して路上へ出ていることがわかる。

ネットカフェ、マンガ喫茶、ファーストフード店、サウナ、個室ビデオ店、健康ランドなど、路上以外にも、目に見えない〝ホームレス〟あるいは〝ホームレス予備軍〟は存在し、ホームレスの形態は多様化している。路上かネットカフェかで線引きするのではなく、路上に至る過程を俯瞰的に見ること、貯金が尽き果て、路上に出る前に何らかの予防措置を講じることが重要であるといえる。

ちなみにネットカフェについてだが、二〇一〇年七月一日、東京都はネットカフェ利用の際、身分証携帯を義務づける「ネットカフェ規制条例」を施行させた。ホームレス状態にある人や生活困窮者にとって、ネットカフェは、住まいの最後の〝セーフティネット〟になっている。しかし、彼らの中には身分証を持たない人も多く、事実上ネットカフェから閉め出された形となってしまった。これに対し、「ビッグイシュー基金」と「自立サポートセンター・もやい」（ホームレスをはじめ、生活困窮者に対する支援活動を展開しているNPO）は共同で、ハローワークの登録カードや都指定のNPO等が発行した本人確認証などでもネットカフェを利用できるようにすることやシェルターや低所得者向け住宅を拡充することなどを東京都へ申し入れている。

条例施行によって、ネットカフェ難民の大規模な締め出しが予想されたが、二〇一〇年一〇月現在、身分証不携帯による大々的な排除が行われたという話は聞いていない。しかし条例を盾にいつ排除が行われても不思議でなく、深刻な状況が続いていることに変わりはないのだ。

†行き倒れ

若者ホームレスの大半がカプセルホテルやネットカフェを経由して路上に出ていることがわかった。〝路上に出る〟と簡単に書いてきたが、屋外で寝たことがない人にとってそれは容易なことではないだろう。いよいよ手元のお金も尽き、ネットカフェにもファーストフード店にさえもいられなくなった時どうするのか。公園や駅の地下、店の軒先などに行き、体を横たえて眠れるものなのか。

憧れの仕事に就くため上京したがうまく行かず、ホームレス状態になった小田原務さん(三〇歳)。

「最初はネカフェにいたんですけど、お金なくなっちゃって。ついに自分もホームレスだって思ったけど、野宿するにもどうすればいいかわからない。新宿の地下に野宿してる人がいるのを知ってたんで、とりあえず行ってみたんです。でもそこに交じるのも怖くって……。とりあえずアルタ前に行って待ち合わせする人に交じってじっとしてました」

人ごみでごった返すアルタ前なら、何時間いても怪しまれることはない。ジーンズに紺色のカジュアルジャケットを羽織った小田原さんがホームレスであると気づく人はいないだろう。アルタ前に来て十数時間、終電も行ってしまい、人影もまばらになってきたがその場で寝ることはできなかった。

「外に寝るってやっぱ怖かったんで夜中はＴＳＵＴＡＹＡへ行きました。深夜外にいると襲われるかもと思ったし、とにかく寒かったんで。あそこは夜中の三時まで開いてますからね。一階から七階までワンフロアずつゆっくり見て、閉店したらあとはコンビニのハシゴです。一軒にそう長くはいられないですからね、雑誌立ち読みして居づらくなったら次って感じでした」

夜は眠らず、深夜営業店舗をハシゴして、日が昇るまでやり過ごす――それが小田原さんの日課になった。日中はさすがに眠いため、公園や図書館に行き、まわりから不審がられない程度に寝る。睡眠時間は平均2-3時間。常に仮眠しか取れず、体はつらいが、野宿は未だに恐ろしくてできないという。

やはり駅や公園で寝ることができず、あてどもなく歩き続けた結果、都心の真ん中で文字通り、行き倒れになってしまった人がいる。古池浩二さん(三七歳)だ。

古池さんはとび職として請負で働いていたが、仕事がほとんどなくなったため、二〇〇九年末、住んでいた請負元の寮を出、ネットカフェ暮らしになったという。ネットカフェに泊まりながら日雇い派遣で倉庫作業などをして働いたが、その仕事もなくなり、三カ月後、貯金も底をついてしまった。しかし古池さんには、外で寝るという発想自体まったくなかったという。

「夜中、外にじっとしていることが怖くて、とにかく歩き続けました。公園にはヤンキーとかホームレスとかいるでしょう。何されるかわかりませんからね。真冬だったんで寒くてじっとしていられないんです。それで昼も夜もなくとにかく歩きました。何も食べてなかったから、体力的にそうとうきていたんでしょうね、ある日、新宿の甲州街道沿いの道でバッタリ倒れてしまって……そのまま救急車で運ばれたんです」

病院に一週間入院し、精密検査を受けたが異常はなかった。極度の過労によるストレスと栄養不足による行き倒れと診断されたという。病院のケースワーカーが生活保護の申請手続きを勧めたが、「生活保護を受けていることを一人暮らしの母親に知られたくない」と頑なに拒否し、無理やり退院した。今も夜は歩き続け、昼間、駅のベンチなどで仮眠を取る生活を続けている。退院して一カ月近くになるが、まだ一度も体を横たえて眠れていないという。

夜光虫のように深夜営業店舗を探して街をさまよい歩く小田原さん。極度の空腹、睡眠不足状態の中、街をさまよい続けた結果、行き倒れてしまった古池さん。二人のように、路上で寝ることができない〝ホームレス〟がいる。

深夜のレンタルビデオ店、コンビニエンスストア、デパート、図書館……隣にいるごく普通の若者が今夜泊まる場所がなく、誰にも頼ることができない孤独を抱えた〝ホームレス〟である可能性は十分あり得るのだ。

†若者ホームレス聞き取り調査

筆者らが行った調査によれば、半数以上の若者が寝場所として路上とネットカフェを繰り返している。「彼らはどのようにしてネットカフェに泊まる費用を捻出しているのだろう？」と疑問をもたれる人もいるだろう。

ホームレスというと〝働かないで寝ているだけ〟と思われがちだが、むしろ仕事をしている人のほうが多い。厚生労働省が二〇〇七年に実施した「ホームレスの実態に関する全国調査」では、七割以上の人が何らかの仕事をしていると回答。都会には、ネットカフェ代や食事代程度を稼げる仕事が意外に多く存在する。

その一つはビッグイシューだ。ビッグイシューはホームレスの自立を支援するため、イギリス・ロンドンで一九九一年に創刊された雑誌で、日本では二〇〇三年に㈲ビッグイシュー日本が設立され、販売がスタートした。ビッグイシューの販売者として登録すると、最初の雑誌一〇冊が無料で提供され、それを売ったお金を元手に仕入れをし、販売していく。雑誌の定価は三〇〇円。一冊一四〇円で仕入れるため、一冊売ると一六〇円が販売者の利益となる仕組みだ。ネットカフェ等の宿泊代や食事代だけでなく、ビッグイシューで得たお金をもとにアパートに入っての自立を目指す。さらに二〇〇七年にはホームレスの人々の自立を支え、再び社会に戻れるようサポートする「ビッグイシュー基金」を設立。ホームレスの人たちの仕事を創り、彼らをビジネスパートナーとする社会的企業「ビッグイシュー日本」と彼らを生活、就業、文化・スポーツ活動の三つの面からサポートする。「ビッグイシュー基金」は、車の両輪のような役割を果たしながら、活動を続けている。

ビッグイシュー日本の事務所には、「販売者になりたい」とホームレスの人たちがやって来るが、彼らは毎年、低年齢化している。販売者登録をした人の平均年齢は二〇〇七年に五〇・〇歳だったが、二〇〇九年には四一・〇歳にまで下がっている。

「若年層が増え始めたと実感したのは二〇〇七年三月のことでした。この月にビッグイシュー日本の大阪事務所に雑誌を売りたいとやってきた一三人のうち八人が三〇代までの人だった。それまでの販売者の平均年齢は五〇歳前後だったので、驚きました」とビッグイシュー代表佐野章二さんは振り返る。

「若い販売者は販売が一週間と続かない、安い宿があるドヤに行きたがらない、ホームレスになった自覚が乏しく、危機感が感じられないなど、これまでの中高年の販売者とはま

主な寝場所

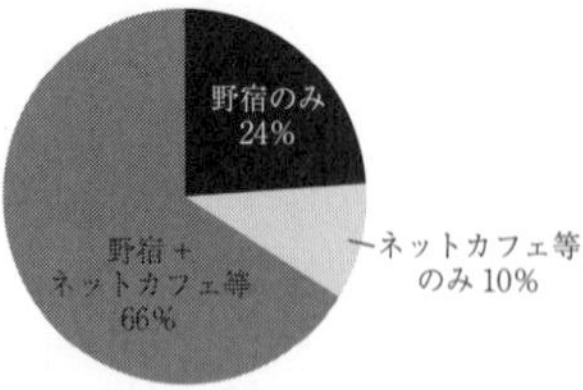

主な養育者

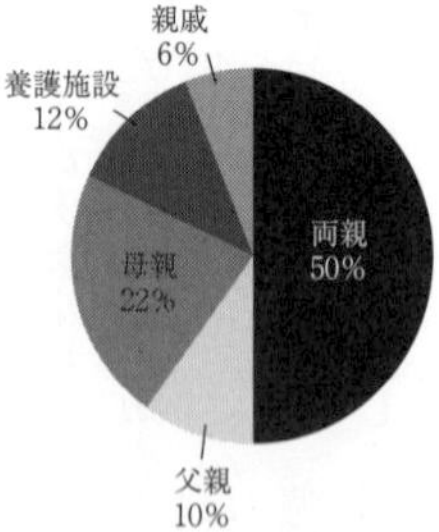

路上期間

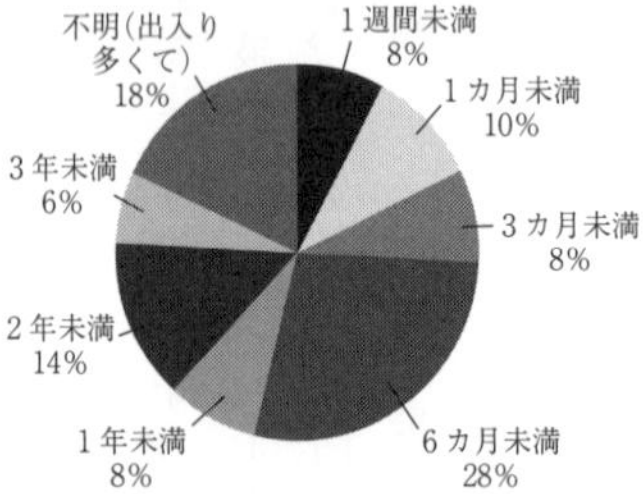

最終学歴

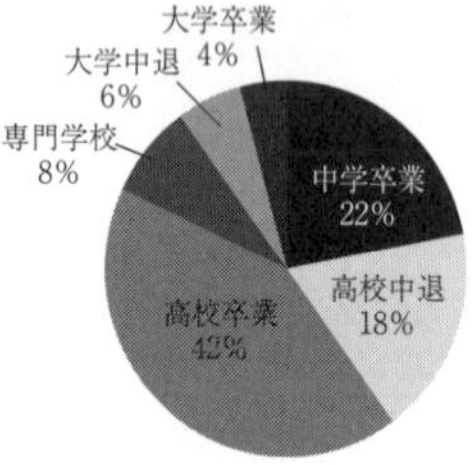

家族との連絡

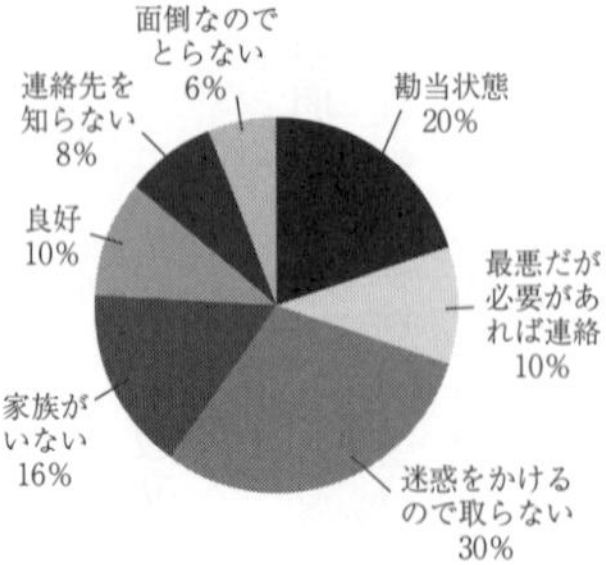

実家を離れた理由

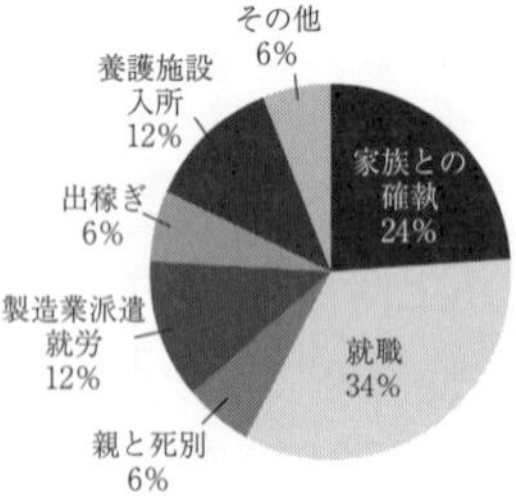

初職を辞めた理由

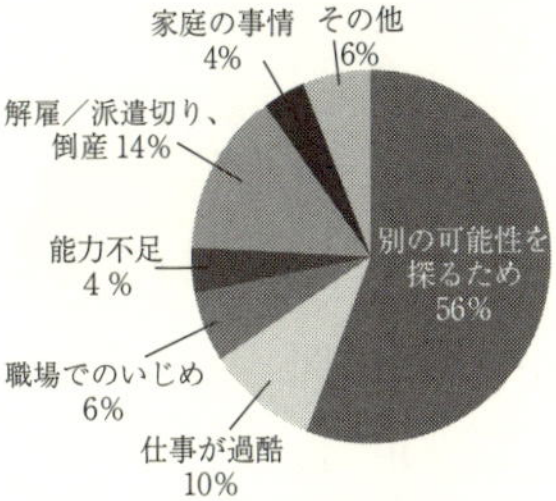

転職回数

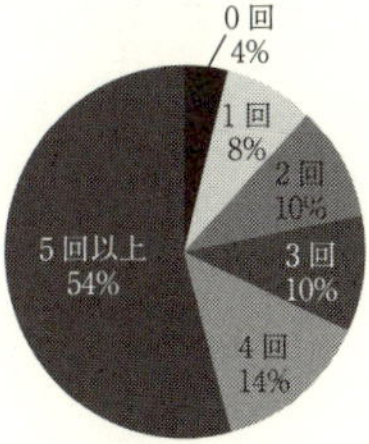

依存症傾向

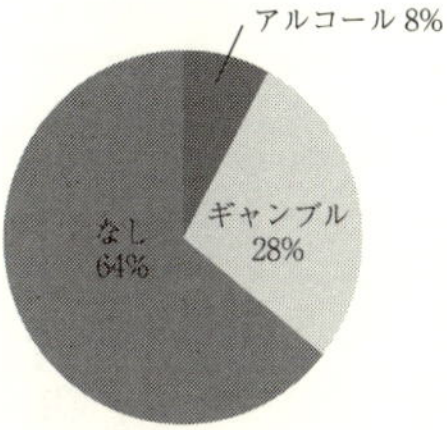

抑うつ傾向

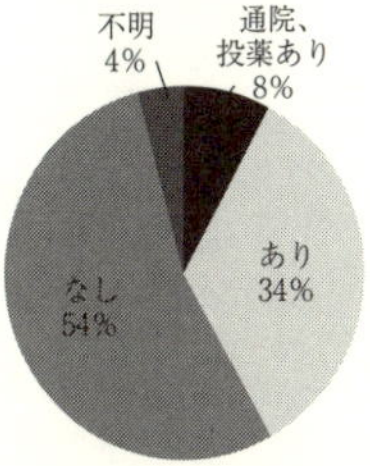

就職活動（※）

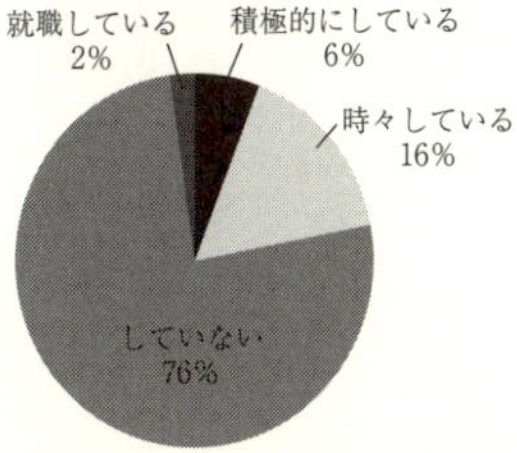

派遣（製造業、日雇い等の）**経験**

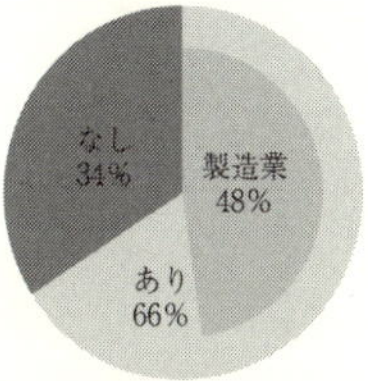

出所）ビッグイシュー基金／飯島裕子「若者ホームレス 50 人聞き取り調査」

（※）「積極的にしている」とは、週に一度程度ハローワーク等に通い、半年以内に応募の行動をしている。「時々している」とは、就職情報誌を見たりハローワークに通う等しているが、応募の行動はとっていないと定義。

ったく異なる属性を持っていることがわかりました」

そこで若者ホームレスの実態を知るため、二〇〇八年から一〇年にかけて、東京と大阪で調査を実施。一名につき、三時間程度、生育環境、仕事経験、現在の生活、今後の展望について、詳細な聞き取り調査を行った。ビッグイシューを販売している若者に話を聞くところから始め、炊き出しなどに来ている若者ホームレスにまで対象を広げていった。

†アンケートと献血で食いつなぐ

話は逸れてしまったが、大都会には、若者ホームレスがほんの少しの小銭を稼げる仕事がいろいろある。

実家を飛び出し、ホームレス状態に陥った島田正彦さん（二九歳）が頼ったのが路上アンケートと献血だった。

「路上アンケートに答えると図書券がもらえるので、それを金券ショップで現金化するんです。アンケートだと一回やって五〇〇円の図書券一枚。いい店だと一枚四〇〇円で換金してもらえる。アンケートやってる人にはさすがに顔バレちゃって「またお前か」って反応なんだけど、そんなの気にしてられませんから。献血もやっぱり図書カード狙いですね」

島田さん以外にも、路上アンケートや献血で食いつないでいるという人は結構いる。

路上生活が長い谷口邦明さん（三九歳）は、路上でいろいろな雑業を経験してきた。

「よくあるのは〝並び〟の仕事。野球やらコンサートやらのチケット取りとか、××電気でパソコンが安く買える券とかを並んで取るんよ。明け方から開店まで並んで六〇〇〇円とかね、割いいやろ。東京って街はすごいとこやね、駅にボーッと座ってるだけで、仕事持ちかけられる。そうやってホームレス組織してんのがおるのよ。自分の名義で通帳作って一冊いくらで買うてもらうとか、ちょっとここでは言えんようなこともいろいろやってんねん。一度なんか偽装結婚頼まれて、さすがに断ったけどね（笑）」

路上で中古雑誌を販売する仕事も定番だ。駅や車内に捨てられた雑誌を拾う〝拾い屋〟から仕入れた雑誌を路上で売る。

「『ジャンプ』を五〇円とかで売ってるあれです。ネットカフェ代を作りたくて、新宿の交差点でやってる人に直接声をかけました。『使ってもらえませんか？』って。一日働いて三〇〇〇円くらい。食事は弁当買ってもらえるんでタダなんです。サラリーマンとか結構買っていくんですけど、みんな小銭崩す目的なのか、一万円とか出すんですよ。こっちは元手がないのにね（笑）」と話すのは、田中治さん（三九歳）。

犯罪まがいの仕事に巻き込まれることもある。種田次郎さん（二二歳）は大阪の路上で声をかけられ、〝ヤバイ系〟の仕事を経験したと話す。

「違法なピンクチラシを貼る仕事がメインだったけど、時々〝運び〟の仕事をやらされました。大麻ですわ。電車乗って三駅運ぶだけで、数万円もらえました。靴下の中に隠したり、服の裏に縫い付けたりするから、簡単には捕まらないですよ。でも出入りしてた事務所が警察に目を付けられるようになったんで、怖くなって足洗いましたけどね」

元ホストの鈴木彰さん（二八歳）は、路上で女の子をナンパしてネットカフェ代を捻出している。

「渋谷あたりって家出してきてる女の子とかいっぱいいるでしょ。主に女子高生。相手にされないことがほとんどだけど、「どこに住んでんの？」って聞かれたら、「東京の一等地」って答える。今自分、代々木公園にいるから。そうするとみんなビックリする（笑）。

「実は俺、ホームレス」ってカミングアウトするとたまにやさしい子がいて、飯おごってくれたり、お金貸してくれたりするんだよね」

鈴木さんは深夜、終電を逃した高校生の女の子と一緒にいたところ、警察に不審に思われ、逮捕寸前までいっている。

鈴木さんの場合、かなり特殊なケースだが、路上にいたところ声をかけられて仕事を請け負ったというパターンは実に多い。なかには明らかに〝貧困ビジネス〟と思しきものもある。

†路上に巣食う貧困ビジネス

夏目務さん（三六歳）は、池袋駅の地下に座っていたところ、〝自立支援センターの者〟と名乗る男に声をかけられた。

「ちゃんとしたNPOですぐに寝場所を提供してもらえるし、そこを住所にして仕事探せると思ったんでついていったんです。通帳作って、生活保護の申請手続きをしてくれて、保護費一〇万円の中から家賃六万円、共益費一万円を引いた三万円は、そこの団体が貯金して、寮を出る時まとめて渡すっていうのが規則だって言われました。腑に落ちなかったけど、そこの社長がカリスマ性ある人だったもんで、騙されちゃったんですね」

調理師の免許がある夏目さんは、その自称〝自立支援センター〟の紹介ですぐにレストランの厨房への就職が決まり、働き始めることになった。残業代も含め、月二五万円程度稼いだが、給与振込先の口座のキャッシュカード、通帳、印鑑はすべてそのNPOによって管理されていたため、自由にお金を下ろすことすらできない。

「週二万円ずつ渡されて、残りは貯金してるって言われたんですけど、信じられなくて。問いただしても「〝自立支援センター〟はそういう決まりだから」って返されるばかりなんです」

通帳口座を握られているため、寮を出るにも出られない。仕事を始めて三ヵ月、退寮を申し出たが、「一〇〇万円貯まるまではダメだ」と言われ、夏目さんは途方に暮れてしまう。

「寮を飛び出すしかないと思っていたら、ちょうどその頃、「貧困ビジネス」が話題になって取り締まりが厳しくなったとかで、その団体も摘発されかかったみたいなんです。そうしたら通帳とカードが戻ってきて「出て行け」って言われた」

筆者もその通帳を見せてもらったが、勤め先から給与が振り込まれた当日、そのNPOが給与を全額引き落としていた事実が記帳されていた。

「抗議したけど逆に脅されちゃって……泣き寝入りするしかなかったです。通帳を返された翌々日が給与振り込み日でその給料だけは全部受け取れたんで仕方ないやって」

寮を出た夏目さんは働いていたレストランも辞めてしまう。給料は良く、待遇も悪くなかったが、その店が自称〝自立支援センター〟と裏で繫がっていると怖いと考えたのだという。しかし手元にある二五万円ではアパートを借りることはできない。結局、そのお金はネットカフェ等に泊まるお金に消え、再び路上に出ることになったのだった。

夏目さんのように、路上にいると、〝親切なNPO関係者〟や〝自称自立支援センター職員〟に声をかけられることが頻繁にあるという。

小田島誠さん（二九歳）も横浜駅周辺をブラブラしていたところ、NPO関係者と名乗る男に声をかけられた。

「この年齢だと生活保護ははねられると思ってたんですけど、その団体通したらすんなり下りました。そのNPOは横浜市内に何カ所も自社ビルみたいなの持ってて、そこにホームレスを集めてるんです。自分が入った古いビルも一〇〇人くらい住んでて、ワンルーム一部屋に三人で押し込められた。仕切りとかは一切ありません。風呂トイレは共同で、風呂は銭湯みたいな共同浴場で入る。自分の場合、一三万五〇〇〇円支給されたんですが、ここから寮費として九万七〇〇〇円持って行かれました。九万七〇〇〇円の寮費×三人から一部屋分として取るんだから、ぼろ儲けですよね。管理人ももと（生活保護）受給者なんで、ノウハウをわかっているんでしょ。手元に残るのは三万ちょっとなんで何にもできなくて、ただボーッとして過ごしましたよ」

路上で具合が悪くなり、病院へ運ばれた後、ケースワーカーのすすめで生活保護を受給することになった安倍川睦さん（三三歳）。

ホームレスだった人の場合、生活保護の受給が決まっても、アパートに入居する居宅保護となるケースは稀であり、NPO等が運営する無料低額宿泊所や更正施設などに入所しての受給となることが多い。安倍川さんの場合も、アパートへの入居は認められず、民間が運営する無料低額宿泊所に入っての受給となった。

「だだっ広い部屋が薄いベニヤ板で仕切られてスペースが作られてました。横になる場所しかなかったから二畳もないんじゃないかな。風呂はないから銭湯で、トイレは共同。それなのに保護費から八万三〇〇〇円、天引きされましたよ。門限は六時で一〇時消灯。一番信じられなかったのが、電気が使える時間が決まってること。元のブレーカーから落としちゃうのか、日中はまったくダメで、夜の六時から一〇時までしか電気が通らないんです。寒い時は部屋に火鉢が置いてあるからそれにあたって暖を取る。ホントあり得ない、今時火鉢ですよ（笑）。見知らぬ他人どうしだから人間関係もうまくいくはずなくて、もう保護切られてもいいやって飛び出しました」

行政に紹介されて入所した民間の無料低額宿泊所がこの状態なのだ。すべての宿泊所が劣悪というわけではない。しかし一部では詐欺や詐取としか思えないような運営が行われていることは入所者の話からも明らかだろう。〝貧困ビジネス〟という言葉の流布とともに取り締まりも強化されつつあり、元入所者が無料低額宿泊所を運営するNPO等を訴えるケースも出てきているが、泣き寝入りしてしまうケースのほうが圧倒的に多いのもまた事実である。

†若者ホームレスと犯罪

路上生活をしていると、盗難や暴行など、犯罪被害に巻き込まれる可能性も高くなる。最も多いのが盗難だろう。公園のベンチで一眠りしたら荷物がすべてなくなっていたという話を時折耳にする。仕事を探すために上京していた山口賢さん（二五歳）や小松智さん（三一歳）などは、荷物を盗まれ、全財産を失った末、路上生活を余儀なくされている。

公園で寝泊まりしている田中治さん（三九歳）は、「荷物があるから、おちおちトイレにも行かれないんですよ。ベンチにヒモでギュウギュウに縛っても盗まれたことあります。

怖いんで大事なものだけロッカーに預けてたんですけど、代金払えなくなっちゃって、結局流す（荷物を放棄する）しかなかったんです。免許とか、大事なものいろいろ入ってたんでショックでした」と話している。

危険を避け、できるだけネットカフェで過ごすようにしている人も多いが、ネットカフェも決して安全とは限らない。

「ネットカフェで寝過ごしちゃって、あと少し出るのが遅かったら代金払えなくて、警察呼ばれるとこでした。実際お金足らなくて、身分証もなくて、警官呼ばれた人を見たことあるんで恐怖なんです。いつ二の舞になるかわからないですよ」（島田正彦さん、二九歳）

歩き疲れ、発作的に自転車を盗んでしまい捕まった広川文也さん（二一歳）は住所がなく、身元保証人もなかったことから、留置所に一〇日間勾留されてしまった経験がある。黒木照男さん（三五歳）も千葉県中部の飯場から東京へ逃げ出す際、やはり自転車を盗んでしまった。

「所持金ゼロだから歩くしかない。でももうトコトン歩き疲れちゃってよ、鍵付いたままのチャリンコあったんでカッパらったらすぐ捕まった。身なりとかで怪しいと思われたんじゃないの」

いずれも肉体的限界に達した末、突発的に犯してしまった罪に過ぎないが、住所や保証人がないことで扱いは大きく異なってくる。

前述の路上で声をかけられ、大麻運びの仕事をさせられた人など、キャバクラのキャッチや詐欺、ヤミ金のビラ貼りなど違法な犯罪まがいの仕事に誘われたという話をしばしば聞く。住所や身分証がなくてもできる仕事は犯罪と紙一重であることが少なくないのだ。

またこれは若者に限ったことではないが、路上で暴行の被害にあったという話をよく耳にする。路上生活が五年近くになる楠本太郎さん(二五歳)は、隅田川沿いで寝ていた時、中学生くらいの子どもたちからたびたび襲われたという。

「漬け物石くらいの石を投げ落とされたり、寝床にロケット花火投げ込まれたりしました。子どもたちからしたら、俺たちはただのゴミみたいな感じだから、殺したって大きな罪にはならないだろうって思ってるんでしょうね。そのせいか子どもが怖くて、近づいてくるだけでドキドキする。人間恐怖症みたいになっちゃいました」

楠本さんは、中学卒業後実家の自営業を手伝っていたが、事業はうまくいかず多額の借金を抱えた父親は彼一人を残して夜逃げした。母親はすでに他界しており、二〇歳で一人ぼっちになってしまった楠本さんは路上に出るしかなかったという。

そんな彼が深まる孤独と絶望のなかで選んだのは、〝犯罪〟だった。いや正確には〝犯罪未遂〟だ。路上に出て三年、食事が取れず、草やザリガニまで食べてしのいで来た楠本さん。

「あの時も五日間くらい何も食べてなくて……もう何もかもがイヤになっちゃってた。ふと「留置所行ったらメシ食えるな」って考えが浮かんだんです。強盗なんとか罪っていうのがあって、実際に強盗しなくても逮捕されることがあるって人に聞いたことあったんで——包丁持って交番行って「自分はこの包丁持ってコンビニ強盗するつもりで中に入りました」って自首したんですよ。それで懲役一年、執行猶予三年の有罪になった。執行猶予は計画通りでした。罰金五〇万円払えばすぐ出られたんですけど、そんな金ありませんから。結局二カ月拘留されました。こんなので前科ついちゃうの悔しいけど、あったかい場所で寝られて、メシが三食食えるならもうどこでもいいやって考えになっちゃってたんですね」

〝路上生活者を防犯の観点から取り締まるべきだ〟という人がいるが、楠本さんの話を聞いていると肉体的、精神的に過酷な路上暮らしを続けながら、犯罪に走らずに踏みとどまっているほうが奇跡……と考えてしまうのは間違っているだろうか。

†路上 ⇓ その他 ⇓ 路上の繰り返し

「若者ホームレス五〇人聞き取り調査」で住まいを失った後、路上にいる期間についても尋ねたところ、六カ月に満たない人が五四％を占めた。全世代のホームレスに対して行われた調査（ホームレスの実態に関する全国調査、厚労省、二〇〇七）では、六カ月未満と回答した人は六％に留まっていることからも、非常に短い傾向にあるといえる。

一方、期間が「不明」と答えた人も一八％いた。ホームレス状態が続くと時間の感覚を失いがちであると一般的に言われるが、「不明」の理由はそれだけではないようだ。路上⇓その他⇓路上という暮らしを頻繁に繰り返しているため、自分でも混乱し、よくわからなくなってしまったということらしい。

岡本純二さん（三九歳）は最初に住まいを失い、路上に出たのは二七歳の頃だったと記憶している。その前はトヨタ系列の自動車工場に半年契約で働いていたが、しばらく休んで充電したいと契約更新をしなかった。

「実は当時パチンコにはまってまして結構な金額稼げてたんですね。そのおかげで給料の三カ月分くらいの貯金があったもんで、しばらく仕事休もうかなって……今考えるとすごく安易なんですけどね」

しかし貯金は瞬く間にパチンコ代に消え、サウナに泊まるお金さえ残らなかった。

「仕方なく名古屋駅で寝ました。三週間過ぎたころ、手配師に声をかけられ、建設現場での仕事を紹介されたんです。それから三年くらいの間は飯場と路上を転々としました」

飯場で得られる日給だけでは、アパートを借りることはできない。仕事が途切れず続く場合もあるが、あぶれると路上で野宿するしかなくなってしまうのだ。

「仕事がどんどん減ってきちゃって、飯場行っても週一、二回しか仕事がないって状態が続いたんで、関東に出てみることにしたんです」

交通費がなかった岡本さんは、名古屋から徒歩で東京に向かうことにした。野宿しながら、道路標識だけを手がかりに歩みを進めた岡本さん。途中、炊き出しがあった浜松で一カ月を過ごした後、関東を目指した。

「名古屋を春先に出て、横浜に着いた頃は初夏になってました。しばらく横浜駅で寝泊まりしてたら手配師に声かけられて、それでまた仕事を始めたんです。一年くらいいましたけど、今度は忙しすぎた。マンションの建設ラッシュが始まってて、朝八時から現場入って定時の五時までやって、そのあと仮眠取って夜九時から翌朝までってスケジュール。さすがにまいっちゃって辞めました」

貯金もそこそこ貯まっていた岡本さんはサウナに泊まりながら就職先を探し、派遣の仕事を得る。半年間、倉庫作業員として働くが契約満了で再び無職となり、野宿生活に。

「その後は仕事がなかなか見つからなくて……。路上はもう限界だったんで、役所に相談して、自立支援センターに入る手続きをしてもらいました」

緊急一時保護センターを経て自立支援センターに入り、自動車工場に契約社員として就職が決まった岡本さん。最初は自立支援センターから工場に通い、四カ月分の給与を貯めた後、アパートを借りることになったという。

「自分でアパート借りるなんてほとんど初めての経験ですごく舞い上がってたんだけど、仕事のほうが続かなかった。ラインがとにかく速くてノロマな自分はとてもついて行かれないんです。ライン遅らせると他の人もみんな残業になっちゃう。それで居づらくて辞めました。当然家賃も払えないから、また野宿。いつまで経っても野宿から抜けられない」

結局アパートには一カ月もいられなかった岡本さん。野宿⇒その他⇒野宿というパターンをあまりにもたびたび繰り返しているため、本人もよくわからなくなっているという。

「自分のせいなんだけど、いい加減イヤになっちゃって、最近はもう飯場に行く気力もありません」

岡本さんのように野宿⇒その他（飯場、サウナ、ネットカフェ、自立支援センター等）を行ったり来たりして、何年もの間、安定した住まいを持たない人もいる。今回の聞き取り調査でも、路上期間が長くなるほど、路上リピート率も高くなることが明らかになった。一度路上に出てしまうとアパートなどの住まいを確保することがどれだけ困難であるかを物語っているともいえよう。

安倍川睦さん（三三歳）は、路上やネットカフェで過ごしながら、仕事がある時は日雇い派遣で働いている。

「仕事がない期間が続くとネットカフェには泊まれないんで外に出て、仕事があるとまたネットカフェ……の繰り返し。日雇いでいいところだと日給六〇〇〇円くらいもらえるんだけど、宿泊代、携帯電話代、食費、ロッカー代なんかでなかなか貯まらないんだよね」

決まった住まいのないホームレス生活は実に不経済だ。宿泊はもとより、食事や風呂にもお金がかかるし、荷物を多く持ち歩けないので、ロッカー代や替えの下着等の生活必需品代も必要になる。また岡本さんのようにアパートの初期費用を貯め、晴れて入居が決まっても、収入が滞ってしまえば即退去しなければならない。

野宿までには至っていないが、現在の稼ぎではアパートを借りるだけの資金が捻出できないため、ネットカフェやサウナ等でやり過ごしている、仕事も住居も不安定な潜在的ホームレスが相当数いることが予想される。これはもちろん若者に限ったことではない。

†最初は「サバイバー」気分でも……

肉体的にも精神的にもギリギリの生活を送っている人が多い一方、ごく一部ではあるが、現在の生活を肯定的に捉えている人もいる。

九州の離島出身の種田次郎さん（二二歳）は、高校卒業後、大手電力会社の地元工場に正社員として採用された。給料や待遇は悪くなかったが、地元を離れ、都会に行ってみたいという思いが募り一年で退職。

「親はせっかくいいところに就職できたのにって激怒したけど、仕事がめちゃくちゃ単調で嫌気が差したんです」

ある日、親とケンカしたことを機に東京へ。二－三日分の着替えと貯金を持って飛行機に飛び乗った。

「最初に行ったのは秋葉原のメイド喫茶（笑）。その後、東京タワー行って、国会議事堂も行きましたよ」

ネットカフェに泊まりながら、〝東京見物〟を満喫した種田さんだったが、貯金はあっという間に底をついた。

「歌舞伎町をうろうろしてたら、ソープランドでスタッフ募集の案内見つけて、免許証だけで採用されました。キャバクラとかで会うやさしい女の子と知り合えるかなと期待してたけど、あれは表の顔。怖くてきつい女の人ばっかりでイヤになっちゃって、半年ほどで辞めましたね」

その後、仕事を求めて大阪へ流れ、再び東京に戻るというプータローを地でいく生活を続けた種田さん。ソープランド従業員、パチンコ屋店員、飯場、たこ焼き屋見習いなど、三年で五つ以上の仕事を転々とした。

路上生活状態になったのは、一カ月前のことだという。

「どうにも食えなかったんで、飯場いったんです。ところがいよいよ支払いとなったら、その会社が潰れちゃったんですよ。文句言っても払えないものは払えないって言われて終わりですよ」

今は新宿の路上で三〇代前半の仲間と一緒に暮らしている。

「今の生活はそこそこ満足してます。気候いいから外で寝ても平気だし。ツレ（今一緒にいる仲間）がいるからね。そいついろいろサバイバル術に長けてて、どこからか廃棄される前のコンビニ弁当とか持ってきてくれるから食うにも困らない。食糧調達とか、寝場所づくりとか、いろいろ勉強になるんですよ。無人島の〝サバイバー〟の気分（笑）。やっぱ一カ月働いてちゃらになった経験あるから、しばらく仕事はいいかなって……」

実家の両親に電話をし、金の無心をしたこともある。

「『帰って来い』の一点張りでした。でもあの島には何にもない。若いのも少ないし、刺激もないし……この状態のほうがましですよ。いろいろ勉強になるし。でもツレがいなくなったら無理だろうな。一人じゃ絶対できないですよ」

常に行動を共にし、悩みを打ち明けられる同年代の仲間がいるからこそ、種田さんは前向きな気持ちでいられる。路上期間が一カ月とまだ非常に短いこと、二〇代前半の若さであることも無関係ではないだろう。

種田さんのように、就職のあてや資金がまったくない状態でも、「ネットカフェに行けば何とかなる」と安易に考え、上京してしまう若者がかなりの数存在する。

かつて地方から上京する場合、当面の生活資金を貯め、就職口や保証人となってくれる人を探すなど、ある程度段階を踏む必要があっただろう。また会社を退職する場合でも、次の仕事や退職後の生活資金の見込みをつけてから辞めることを考えたに違いない。

しかし、保証人等のいらない安価な〝宿泊場所〟となり、インターネットを通じ、〝職安〟的役割さえ果たすネットカフェの登場によって、いきなり家を飛び出したり、退職したりする若者が増えているのではないかと感じる。ところがあっという間に時間は過ぎ、ネットカフェに泊まる資金も底をつき、ホームレス状態に陥ってしまう人も少なくないのだ。

†どこに行っても人目が気になる

路上暮らしを〝サバイバル〟や〝修行〟と表現する若者にも複数出会った。

関西の有名私大を卒業後、フリーターを続けてきた土井弘明さん（二九歳）は路上に出て三週間弱しか経っていない。それまでは地方都市にある家電量販店に勤めていたが、ノルマについて行くことができず、逃げ出した。無断退職したため、実家に帰るにも帰れない。

「自分探しというか、自分を見つめ直す機会にしたいなと思って、しばらく放浪するつもりでいたんです。大学のころからインドヨガとか、仏教なんかに興味があったんで、路上に寝てみるのもいいかなって思ったんですけど、つらいですね。まだ二週間なのにすでに挫折してます」

夜は公園のベンチで過ごす。日中は国会図書館に通って閉館するまで読書に没頭していたが、最近、ベンチで過ごす時間が長くなった。

「空腹とか、寝不足は我慢できても、服はダメなんですね。人が振り返るだけで「服が汚れてるんじゃないかとか、自分が臭ってるんじゃないか」ってゾッとしちゃう。人間失格みたいな気分になってものすごく凹んで何もやる気が起きなくなるんです」

スラックスにベージュのジャケット、黒いビジネスバッグを持った土井さんは、街であっても通勤途中のサラリーマンぐらいにしか見えないし、公園で洗濯しているという服は清潔で臭いなどしない。そう伝えても土井さんの表情は暗いままだ。

「〝修行〟とか言って意気込んでたけど、最近は鬱っぽくなっちゃって、何をやるにもどこに行っても人目が気になっちゃう。人にどう見られるか想像すると怖くて、仕事探したくてもハローワークなんて行かれないですよ」

路上暮らしが長引くにつれ、事態はどんどん悪化する。家がない、服がない、仕事がない……ホームレス状態であることが自信や尊厳を奪い、生きる希望を喪失させる。ちょっとやそっと頑張っても這い上がれない底なし沼に飲み込まれていくのだ。

†ネット上の友だち?

前述の種田さんのように過酷な状況を仲間と共に乗り切っているという人は、ごく少数に留まっている。

友だちはいる、あるいはかつていたが、今の状況を知られたくないため、一切連絡を取っていないと答えた人が非常に多かった。ホームレスになるということは、過去に培ってきた人間関係や友人関係を断ち切ることに他ならない。

「こんな情けないとこ見られるくらいなら、死んだ方がマシ」という人や「遊び友だちはいっぱいいいたけど、いざ頼れるって人はいない」「同年代の友だちは結婚して子どもができたりして疎遠になった」「携帯電話なくしちゃったから、連絡の取りようがない」という人もいた。

一方、小学生時代から、中学、高校、職場で激しいイジメに遭ってきたという中野良介さん(二七歳)は「友だちと呼べるような人は一人もいない。むしろ人にいじめられる心配がないから、孤独が一番いい状態」と答えている。安倍川睦さん（三三歳）も「人に気を遣い過ぎていろいろ考え込んでしまう性格なので、一人でいるほうが落ち着く」と話すなど、人間関係に苦手意識や不安意識をもっている人も少なくない。

さらに職場で友人や知人を作りにくい状況にあることも明らかになった。製造業派遣に登録した中島勉さん（三七歳）は、派遣会社の都合で一年で工場を六回も変わっている。「仲間を作りたいと思っても、短期契約の人ばかりで入れ替えが激しいから、親しくなる機会もなかった」という。

同じく派遣で工場を転々とした川西太郎さん（三六歳）も「工場では早出、遅出とシフトが替わるから一緒の寮に住んでいても会話がなくて当たり前という感じ。減産が続くと、次に切られるのは自分かもって皆内心ビクビクしてて、友だちどころじゃないよね」という。

過去のイジメ経験などで、人間関係に苦手意識を持つことに加え、友だちがいても、職場や住居が安定しないため、疎遠になりやすく、友情が長続きしづらい。さらに路上に出てしまうことによって、過去に培ってきた人間関係や友人関係が途絶えてしまう。

そんななか、インターネット上の友だちの話をする人がいた。小田原務さん（三〇歳）

は、数年前からオンラインゲームにはまっている。彼がネットカフェに泊まる一番の目的は、オンラインゲームを通して知り合った仲間とチャットすること。数人でチームを作り、敵チームと対戦するため、仲間意識が芽生え親しくなるのだという。小田原さんはゲームの攻略法を解説するブログも持っており、そのページを訪れるゲームファンもいる。

「オンラインゲームって社会の箱庭みたいなものなんですよ。本名はもちろん知らないけど、仲間意識はすごい。しばらく（チャットに）顔出さなかったり、ブログの更新が滞ると心配されるから、そんな時は「仕事忙しくてさ」って答えます。実際はネカフェに泊まるお金がなかっただけなんだけどね（笑）」

オフ会も開かれているが、小田原さんは一度も行ったことがない。

「オンライン上では俺、女ってことになってるんで（笑）。まあそういう人、実際多いんだけどね。こんな状態だし、やっぱ行かれないよね」

古池浩二さん（三七歳）もネット上の友だちは欠かせない存在だ。みずからをパソコン依存症というくらいオンラインゲームにはまっている。

「何人もで集まってチャットしながらゲームを進めて行くんですけど、リアルな相談することも多いんですよ。自分も詳細はボカして愚痴言ったり、アドバイスもらったりしてます。一応、自分は東京・目白に住んでて、仕事はとび職、妻と子どもが二人いることになってるんですよ(笑)。仕事だけは前にやってたことだから完全な嘘じゃないんだけど、ほかの部分は嘘だからちょっとつらいなって。だから妻と離婚してワンルームに引っ越したってことにして、辻褄合わせようかなって思ってます。しばらくアクセスしないと「おっ、どうしてた?」って声かけてくれる。それが嬉しいんで、裏切りたくないんです」

相手と顔を合わせないネットだからこそ、話せることもある。ネット上の友情が深まるほど、現状を隠した偽りの自分がイヤになると話す古池さん。そんな状況に歯がゆさを感じながらも、人の温もりを求め、偽りの自分でチャットを続ける。彼らの深い孤独が伝わってくる話だ。

†強い抑うつ傾向

深い孤独のなか、抑うつ状態を募らせていく人が非常に多い。自殺を考えるような深刻なものから、時々落ち込むことがあるというものまで、程度はさまざまだが、聞き取り調査でも約四割が「うつ状態にある」と答えている。

また、抑うつ傾向は路上にいる期間が長いほど、高くなることも明らかになった。

家族を支えるため、東北から出稼ぎに出た則武和紀さん（二九歳）は、最近自分がうつ状態にあるのではないかと感じている。明るい性格で子どものころから友だちが多かったという則武さん。派遣切りに遭った後、ネットカフェに泊まりながら二週間ほど就職活動をするが、住所もなく、携帯電話も止められている状況で仕事を見つけることは困難だった。

「役所に相談に行ったら緊急一時保護センターのことを教えられました。でも待機してる人が大勢いるからすぐには入れないと言われて……途方に暮れちゃいました」

二カ月弱、路上で待機した後、緊急一時保護センターに入った則武さん。このころから精神的に落ち込むことが多くなっていったという。

「話好きで誰とでも仲良くなれるタイプだと思っていたんですけど、最近は人と交流するのが億劫なんですよ。センターでも食事以外は、自分のベッドに引きこもっていました。娯楽室でテレビ観ないかと誘われても、体がまったく動かないんです。社交的だった自分には考えられないことで、うつなのかなって」

センター入所中に仕事を探すが見つからず、再び路上生活に戻った則武さんは、うつ状態をさらに深めてしまっている。

「体力的にも気持ち的にも折れているんですかね……川とか見てると身を投げ出したくなります。実際は怖くてできないんですけど。世の中が全部嫌になって――でも犯罪に手を出す勇気もない。唯一の楽しみはネットでのチャットとブックオフで立ち読みするくらいですかね」

安倍川睦さん（三三歳）もうつ状態を募らせている一人だ。実家を出た後、派遣工場や飯場を転々としてきた安倍川さん。仕事がない時は、路上で過ごすという生活を繰り返していた。ハローワークに通い、真剣に就職活動をしたこともあるが、いつも住所がないことを理由に断られてしまう。そんな状態が二年ほど続き、精神的にもかなり参っていたのだという。

「そんな時に行った飯場がひどいところで、命の危険を感じたんです。火力発電所で八月の炎天下に四〇キロ近いトタンをクレーンまで運ぶって作業を一日やらされました。重さと暑さで意識が何度もうろうとして……このまま続けたら大ケガするか、死んじゃうって思って逃げ出したんです。無一文だったんで、飯場があった神奈川県の磯子から新宿まで歩きました。新宿区役所に駆け込めば何とかなるって聞いたことがあったんで……」

藁をもつかむ思いで新宿区役所にたどり着いた安倍川さんだったが、役所の職員はけんもほろろだった。

「寮（緊急一時保護センター）は締め切りました、また違う日に来てくださいってあっさり言われて……。あの時は精神的にかなり来ていたんです。それまでは役所の世話になるなんてって軽蔑してたけど、また路上にいったらおかしくなると思って。〝死〟が頭をよぎりました」

身も心もボロボロになった安倍川さんは絶望に見舞われた。

「〝このまま死んじゃいたい〟と思いながら、新宿駅の地下で何もせず、ただじっとうずくまってました」

それから数カ月後、溜め込んできた精神的ストレスのためか、安部川さんは激しい胃痛のため立ち上がれなくなり、救急車で運ばれた。深刻なものではなかったが、過労とストレスが原因と診断されている。病院に入るとケースワーカーが来て、生活保護の手続きを勧めてくれたという。

抑うつ状態は、路上生活が長期に及ぶほど高まっていく傾向にある。また、年齢が上になるにつれてその程度を深めていく。二〇代前半で抑うつ傾向にあると答えた人は一人もいなかったが、三〇代後半だけでみると実に五二％が「自分は抑うつ傾向にある」と答えている。

実際、路上期間が長くなるほど、社会復帰は困難になり、年齢が上がるほど、就職も難しくなってしまう。そうした現実が彼らの心にさらに重くのしかかってくるのだろう。

梅村徹さん（三七歳）は、先のことを考えるたびに塞ぎ込んでしまうと話す。大学を中退してから長年、期間工や契約社員として全国各地の工場を渡り歩いてきた梅村さん。

「一つの会社に縛られない自由な生き方がしたいと期間工になったけど、そんなのまったくの幻想だった」

三〇歳を過ぎた頃から仕事が減り始め、仕舞いには派遣の仕事すらなくなった。路上生活を始めて二年弱、就職活動は途切れなく行っているがうまくいかない。

「路上生活を送ってると何もやる気が起きなくなるんや。就職活動も散々下手を打ってるから、「またどうせ同じなんだろう」ってほとんど諦めてる。今までの経験の積み重ねからマイナスに働く。何やっても結局ダメなんやろうって」

年齢が上がるほど厳しくなる再帰への道。その現実に打ちのめされ、うつ状態は募っていく。さらに路上暮らしが長引くにつれ、事態はどんどん悪化する。家がない、服がない、仕事がない……ホームレス状態であることが自信や尊厳を奪い、生きる希望を喪失させる。

将来への展望のなさが、孤独や疎外感を強め、ちょっとやそっと頑張っても這い上がれない底なし沼に飲み込まれていくのだ。

抑うつ状態とまでは行かなくても、街の人々のちょっとした視線や態度に傷つくことがあると話す若い人もいる。

「ちょっとこっちを見られただけで、自分のこと見てるんだって思っちゃう。人の目線とか陰口が怖くて、顔を上げられなくなっちゃいました」（種田次郎さん、二二歳）

「同年代の仲良く歩いてるカップルとか見ると、何で自分とこんなに違うんだろうって自暴自棄な気持ちになっちゃう。もう自分なんてどうなってもいいやって思いますね」（内田伸介さん、二三歳）

「『クソ寒いのにこんなとこで寝てるよ』って笑われたり、『若いくせにホームレスなんてやってるな』って説教されたこともあります。人が怖いんです」（前川充さん、二九歳）

家がない、食べ物がない、寝床がない……過酷な路上生活のなか、体力面だけでなく、精神面でも追い詰められていることがわかる。

†「助けて」と言えない若者たち

ひどいうつ状態は自殺を引き起こすこともある。

その青年がビッグイシューの事務所を訪れたのは、二〇〇九年の春先のことだった。

「年齢は二二、二三歳だったと思います。身なりもキレイで、とてもホームレスには見えなかった。販売者になるかどうかすごく迷っていて、写真入りのIDカードとか、必要な書類を全部作った後で「やっぱり辞めます」って帰って行ったんです。「せっかく作ったから記念にもらってもいいですか？」って言うのでIDカードを渡して「また気が変わったら来て下さいね」って送ったことを覚えています」とビッグイシューのスタッフは振り返る。

その翌日、彼はみずから命を絶った。所持品の中からビッグイシューのIDカードが発見されたため、スタッフがその死を知ったのだった。

「まさかそこまで深刻な状態だとは思わなくて……。「助けてっ！」というサインにどうして気づけなかったのか悔やまれます。でもそういうサインに気づいたとして、どうしたらいいのかわからないというのも正直あるんです」

前述したように、精神的に極限まで追い詰められた末、行政機関や支援団体にやって来る人もいる。しかし彼らは〝限界だから助けて〟と声を上げないため、その叫びに気づくことは簡単ではない。また仮に自殺を企図する人がいても、側で監視し続けることもできないだろう。四割が「抑うつ状態」にあるという調査結果からも、彼らは一歩間違えばいつでも自殺しかねないような精神状態にあるということを知っておく必要がある。

そもそも彼らはなぜ〝助けて〟と言えないのだろう？

「いつも手の届くところに自殺できる量の薬を隠し持っている」と話す小松智さん（三一歳）は、〝自己責任〟という言葉をたびたび口にする。ホームレス状態にあるのはすべて自分のせいだから人に頼ることはできないし、頼るつもりはないという姿勢を決して崩そうとしない。

子どものころからスポーツ万能だった小松さん。小柄な体ながら人一倍練習し、高校へはバスケの特待生として入学した。その後、設備関係の会社に就職し、二〇歳で結婚。二人の子どもにも恵まれた。

「妻と子どもを養わなくちゃっていうプレッシャーもあって、昼の仕事以外に、夜、スナックのボーイもやってたんですよ。明け方三時まで働いて、ほとんど眠らず、朝また仕事に行く。働くこと＝ストレス発散ぐらいに思ってたから、つらいということはなかったです」

そんな小松さんにある日、異変が起きる。

「突然呼吸が苦しくなって、水を飲んでも吐いてしまう……心臓が止まるんじゃないかって救急車呼んで病院行くんだけど、心臓が悪いわけじゃない。パニック障害でした」

それから数年、症状は一向によくならず、医者から環境を変えることを勧められた小松さんは、家族と離れ、一〇年以上勤めた設備会社を辞めて派遣会社に登録し、静岡県の自動車工場で働くことを選択した。

「もちろん家には仕送りしましたよ。仕事はラインで車のボディを作る作業。孤独だったけど、一人黙々とできるから気持ち的には楽だったかな」

契約期間満了後、家族のもとへは戻らず、上京。東京には遊び仲間もいたので、のんびりと次の職探しをするつもりでいたという。

「家族のもとに戻るとまたパニック発作が起きる気がして……。後ろめたい気持ちが強くて帰れないんですよね」

ところが二〇〇九年初夏、小松さんは滞在中のネットカフェで所持金、免許証、着替えなどの入った荷物をすべて盗まれてしまう。残ったのはポケットに入っていた小銭入れのみ。

「一〇日間水だけで過ごしたら一〇キロ痩せちゃいました。服が汚れるのだけは許せなかったんで、残った小銭使ってシャワーだけは浴びてましたよ。食べ物より身なりのほうが大事ですから」と言い切る小松さん。池袋の公園で、ビッグイシューのことを知り、販売を始めることにした。今はその売上で日々を何とかしのいでいる。

今もちょっとしたきっかけで呼吸困難に陥り、心臓が締め付けられるようになる。

「あの苦しさは二度とゴメン。考えるだけで気が遠くなる。その恐怖と毎日戦ってる状態なんですよ」

でもどうして……友だちに連絡してお金を借りるなり、家族のもとに帰るなりしなかったのだろう。

「それだけは絶対にできないですよ。今こういう状態にあるのはすべて自分のせい。お金を借りるのは簡単だけど「小松はこうあるべき」ってプライドがあるからね。病気とはいえ、家族長いこと放置して、子どもたち傷つけてる自分に助けてもらう権利なんてない……立場をわきまえないと。頑張ったヤツだけ認められる世の中で自分は負けて失敗した。自業自得ってやつですよ。何の努力もしないくせに〝世の中が悪い〟って遠吠え吐いて、他人に迷惑かける人間には成り下がりたくないんです」

小松さんは、炊き出し等には一切行く気はなく、生活保護等の支援を受ける気もまったくない。一方、そんな強気な態度とは裏腹に、今にも壊れてしまいそうな小松さんもいる。

「パニック発作がいつ出るかと考えると本当に不安。今は誰かに話を聞いてもらいたい。それだけでいいんです。時間を気にせず、僕の話をひたすら聞いてほしい……でもそんなの迷惑ですよね。パニック発作の恐怖と話し相手がいない孤独に打ちのめされて涙が溢れてくることがある。自分がホントに限界越えた時は、薬全部使うしかないって覚悟してます。それが今日なのか、明日なのか、自分にもまったく想像つかないですね」

〝自己責任〟にこだわり、他人の介入を拒否し、関係を断ってしまったのとは裏腹に、孤独や不安に押しつぶされ、今にも砕け散ってしまいそうな心がある。そんな自分の性格には、小学校時代、クラスメイトから殴る蹴るなどの激しいイジメにあったことが影響しているのではと小松さんは分析する。

「イジメから身を守るには周囲に対して壁を作るしかなかったんです。弱音や本性を見せたらつけ込まれる。自分を助けるのは自分だけ……ずっとそう信じて来ました」

小松さんは自分の性格を「ドM」「甘えベタ」と表現するが、〝自己責任〟に埋没した結果、助けを求められない、求めようとしない人は非常に多い。しかし、心が折れそうな時、誰かの助けが必要な時、声を上げなければ、周囲の人たちはその声に気づくことはできない。

聞き取り調査の際、「行政や社会への不満や望むことは？」という質問を投げかけた。セーフティネットの欠陥や派遣切り等に対する不満が挙げられると思っていたが、「特にない」と答えた人が圧倒的だった。むしろ、大半の人が、現在の状況は自分の性格や過去の行いが招いたものだから、社会に責任はないと〝反省の弁〟を口にしている。

〝自己責任論〟でみずからを追い詰め、抑うつ状態に陥った先に待つのは〝自死〟のみといっても過言ではないだろう。過酷な現実の中で、みずから〝助けて〟とサインを出せない若者ホームレスたちが大勢いる。

†不可視化された若者たち

若者ホームレスの置かれている生活空間や生の現実について見てきた。

ごく普通の若者と変わらない風貌の彼らを〝ホームレス〟と考える人はいないだろう。彼らの多くは野宿を嫌い、ネットカフェやファーストフード店などで夜を明かすため、彼らを見つけることは余計に難しくなる。大都会の狭間に生きる若者ホームレスは、極度に不可視化された存在であるということができるだろう。

彼ら自身もまた〝ホームレスである〟という意識に乏しく、炊き出しの列に並ぶことを拒む場合もある。路上で寝ることを恐れ、夜を徹して歩き続けたり、深夜営業店舗をハシゴして過ごすため、極度の睡眠不足と疲労で、行き倒れる人も出てきている。

「時間を潰すことが何よりストレスです。ブックオフ行って立ち読みしたり、ゲームセンターでじっとゲーム眺めてたり、駅のベンチに終電まで座ってたり……。ホームレスってばれるんじゃないかって、内心ハラハラしながら、ひたすら時間が過ぎるのを待つんです」という楠本太郎さん（二五歳）の話は印象的だ。

路上で仕事を見つけ、ネットカフェ代を稼ぐこともあるが、貧困ビジネスや犯罪に巻き込まれる可能性も高い。サバイバル術に乏しく、情報も少ない若者ホームレスは常に危険と隣り合わせなのだ。

インターネットや携帯電話も彼らには欠かせないものになっている。仕事を探すツールとなるだけでなく、「2ちゃんねる」掲示板で炊き出しなどの生活情報を得ているという人もいた。一方で、ネットカフェの広まりは、サバイバー気分で都会にやってくる若者を急増させているということもできるだろう。

ホームレス状態が長引くにつれ、孤立感を募らせ、うつ状態から自殺にまで追い込まれる人もいる。都会ですれ違うごく普通の若者があてどもなく街を彷徨い、死にそうなほどの孤独を抱えたホームレスであるかもしれないのだ。

第二章　若者ホームレスと家族

ケータイで仕事を探す。住まいはないが、モバイルは手放せない人も多い。（撮影：高松英昭）

†「実家」をもたない若者たち

仕事も家もない状態に追い込まれた若者ホームレスに対して、「なぜ彼らは実家に帰らないのか？」と疑問を呈する人がいるだろう。実際、二〇〇八年、派遣切りに遭った若者に対しても同様の意見が聞かれた。

中高年ホームレスの場合、実家はすでになく、長年独身を通してきた、あるいは一度は結婚して家庭を持ったが離別した結果、〝帰れる家〟がないという人が大半なのもうなずける。

一方、二〇代、三〇代の若さなら、親、兄弟、親戚など頼れる身内が生きている可能性は高い。どうして彼らは家族に頼らないのか？

生活保護を受給する際もまず頼れる身内がいないか、徹底的に調べられる。最後のセーフティネットといわれる生活保護の前に、家族や親戚といった〝セーフティネット〟に助けてもらうべき、というのが日本では一般的なのだ。

「若者ホームレス五〇人聞き取り調査（以下「聞き取り調査」）」の平均年齢は三一・二歳。未婚率は高く、婚姻歴がある人は五人に留まっている（うち四人は離婚、一人は別居中である）。そんな彼らにとって、〝頼るべき家族〟とは、まず第一に実家が考えられる。生まれ育った〝実家〟が今、どうなっているのか？　それが若者ホームレスと家族を考える一つの鍵となってくるだろう。

なぜ彼らは実家に帰らない／帰れないのか？　家族に頼らない／頼れないのか？　ここでは若者ホームレスと家族の関係について見ていきたいと思う。

†二一歳のホームレス

今回の調査で最年少は、二一歳の広川文也さんだった。二一歳といえば、まだ学校などに通っている人も多く、成人していても親の庇護の下で暮らしている人も少なくない年齢だ。二一歳という若さの広川さんが、どうしてホームレスになってしまったのか？

「もともと児童養護施設の出なんです。施設には小学五年から入って高校卒業までいました。その前は母親と二人で暮らしてましたね。俺が二歳の時、離婚したらしくて父親の顔、見たことないんですよ」

母親の帰りはいつも遅く、切なかった広川さんは一人、先に寝ていることも多かった。

「たいがいお金が置いてあるんで、夜はそれでコンビニ弁当とか買って食べてました。一度、袋ラーメン作ろうってガスコンロに火をつけた時、左手の小指に大やけどしたことがあったっけ……」

母親の持病の糖尿病が悪化し、広川さんを育てられなくなったため、施設に預けられたのだという。

「施設に入ってからも、母親とはよく会ってて、正月なんかは実家で過ごしてました。母親はパチンコ好き、っていうより中毒で俺も小さい時から連れて行かれてましたね。ある時、実家に戻って一緒にテレビ観てたら、母親の手がパチンコのハンドル握る形になってるの。最初冗談でやってるのかと思ったら、マジで気づかずそうなってたみたいで。もう笑うしかないですよね。母親は生活保護をもらってたんですけど、一度に渡すと全部パチンコに使っちゃうってことで、役所の人に頼まれて俺と施設の先生が一緒に受け取りに行って、分割して渡してました」

社会人になった広川さんは、初めての給料が出た後の休みの日、母親を連れ出すことにした。

「五月の連休明けだったと思います。どこ行くかな？　久しぶりに（パチンコ）打たせてやるかな（笑）なんて考えてたら報せが来た。母親が突然亡くなったんです。旅先で倒れて身元確認などに時間がかかったとかで、知らされたのは亡くなって一週間後……すでに茶毘に付された状態でした。糖尿病はずっと患ってたけど、少しずつ快方に向かってると思ってた。最後に会ったのは高校の卒業式の時かな。そりゃショックでしたよ」

一八歳で天涯孤独の身となってしまったのだ。それでも活発で明るい性格の広川さんは子どものころから友だちも多く、孤独を感じることはなかったという。

「小、中とサッカー、高校では陸上に没頭しました。高校の時は大会出るのにお金かかるんでバイトしてましたね。朝四時に起きて新聞配達やって、夜はスーパーで働いて。施設でも五〇〇〇円ちょっとおこづかいはもらえてたんですけど、買い食いとかタバコ銭もいりますからね(笑)。勉強は全然してなくて、授業中はずっと寝てました。三年間通信簿はオール1。皆勤じゃなかったら絶対留年してたんじゃないかな」

高校卒業後、大手航空会社の子会社に正社員として入社。機内クリーニングを担当することになった。繁忙期には、機内清掃以外に、ターミナルの案内係やチケット確認業務など、多種多様な業務に忙殺されたという。ちょうど新型インフルエンザが流行した時期だったこともあり、空港関係者は多忙を極めていた。

「仕事はまあとにかく大変で、寝る時間ないんですよ。飛行場ってほとんど二四時間オープンみたいなもんなんで。一応寮はありましたけど、職場から一時間かかるんであんまり帰れなかったです。最終便が出るのが夜一〇時か一一時で、その後、データ入力とかの後処理がある。それが終わるのが早くて二時、遅いと四時くらい。忙しい時期だとそのまま早朝からシフト入ってくる。ほとんど寝る時間ないから、事務所の机とか、飛行場のソファの上で仮眠取ってました。まさに空港のホームレスと化していましたよ」と笑う広川さんは屈託がない。

そうして一年半が経ったある日、広川さんは退職に追い込まれるような〝事件〟を起こしてしまう。

「乗り継ぎ便で時間がなくてすごく慌てていて、誤って掃除機に躓いてぶっとばしちゃったんです。掃除機がドアに当たって傷ついて、その飛行機が飛べないってことになっちゃった。結局ドアごと交換することになって、多額の損失が出た。数日後上司に呼ばれて、「すまないが、かばいきれんかった」って言われたんです。「（親会社の）航空会社からはクビ（懲戒解雇）にしろって言われたけど、そこはなんとかかばって一身上で済ませたから退職届を書いてくれ」って。まあ飛行機一機つぶしたようなもんだから、その時は何も言えなかったですよ」

給料は保険や寮費を差し引いて、手取りで月一三万円程度だったが、退職した時、貯金はまったくなかった。

「母親に似てパチンコ、止められないんです。ちょっとでも休みがあるとゴー（笑）。寮から見えるところにパチンコ屋があって、はまってしまいました。オカンの気持ちわかるなとか言いながら打ってましたよ。だから寮を出なきゃいけないのに、貯金はゼロっていうか、借金ありました」

自主退職扱いのため、失業保険もすぐには支給されない。寮を出され、行く当てのない広川さんは一八歳まで育った児童養護施設へ行くことにした。

「そこで電話を借りて就職先を探しました。施設の先生も一緒に探してくれて新聞販売店での住み込みの仕事が決まったんです」

朝二時起きで新聞を準備し、夜遅くまで営業や集金にまわる仕事だったが、「空港の仕事に比べたらだいぶ楽だった」と広川さん。しかしその販売店も客とのささいなトラブルから退職を余儀なくされる。

「今思うと軽口叩きすぎたと思うんですけど、散髪から戻ってきたお客さんに「髪すっきりしましたね！」って言っちゃったんです。深い意味は全然なかったのに、そのお客さん、髪のことといわれるのがすごくイヤだったみたいで激怒されてしまって……それでクビになったんです。販売店の社長には「クレーム出たら辞めてもらう決まりだから」って言われました」

再び仕事と住居を失った広川さんは、ネットカフェや路上を転々としながら、半月ほどを過ごす。その後、東京都が運営する路上生活者のための自立支援センターに入り、冷凍倉庫での仕事を得るが、半年経たないうちにアルバイト切りに遭ってしまう。

「「もう大丈夫だよ、次の仕事探して」って言われて、「何が大丈夫なの？」って思いましたよ。それでまた路上です。最初はネットカフェに泊まりながら仕事探してたんですけど、所持金ゼロになっちゃって。そうなると移動が全部歩きになるじゃないですか。それでもういい加減疲れちゃって。また施設に行って電話借りようと歩き出したんです。その途中で、鍵のかかってないチャリンコが目に入って、失敬しちゃった。ちょうど春の交通安全運動やってて、二時間後にパクられました。もう少しで施設着くとこだったんですけどねぇ。住所不定、所持金ゼロ、身元引受人もいなかったんで、一〇日間拘置されました。調書みたいなの見せられたんですけど、そこには自転車（五〇〇〇円相当）って書いてあって……五〇〇〇円で一〇日かよって思いましたよ」

拘置一〇日目に護送車に乗せられ、霞が関の裁判所へ連れて行かれ、広川さんは釈放された。

「でも俺、本当に一円もなかったんで、「すみません、一円もないんですけど」って係の人に言ったんです。そうしたら「俺も今ないや」で終わり。霞が関のど真ん中で途方に暮れました」

広川さんは再び東京郊外にある養護施設を目指すことにした。

「神田まで歩いていって無賃（乗車）しました。あの時はホント、ドキドキでした。また捕まったら拘置所逆戻りだって……」

施設で偶然ビッグイシューのことを知った広川さんは、雑誌販売を始め、現在に至っているという。

†養護施設で育つ困難

育児放棄気味の母親のため、児童養護施設に育つが、その母親も二〇歳前に亡くし、帰る家を失ってしまった広川さん。失業し、住む場所を失った後、とりあえず避難できる場所はなく、野宿せざるを得なかった。

初職退職⇩［野宿］⇩新聞販売店⇩［野宿］⇩冷凍倉庫アルバイト⇩［野宿］といった具合に、広川さんは仕事を失う度に野宿を経験している。それぞれの期間は短くても、常に野宿と隣り合わせであり、仕事がない〝空白期間〟は路上で暮らすのが当然のようになっていることがわかる。ちょっとした野宿を何度も繰り返しているうちに、路上から戻れなくなってしまうといったケースも少なくない。

内田伸介さん（二三歳）も、両親の離婚が原因で一歳から児童養護施設で育った。

「父親が親権取ったんですけど、マグロの遠洋やってたんで、面倒を見られないって預けられたんです。中学卒業と同時に施設の先輩が働いていた大阪の繊維工場に就職しました」

正社員で給料も悪くなかったが、「もっと別の仕事も経験してみたい」と七年で退職する。大阪で就職活動をするもうまくいかなかった内田さんは施設のあった四国に帰ることにした。

「施設の先生に相談して当てを探してもらったんですけどなかなか難しいような状況で……。施設に迷惑かけられないから、その間は外（路上）にいました。姉と妹がいるんですけど、二人とも大変みたいで、姉なんかは昼と夜で二つ仕事を掛け持ちしてる状態って言ってました。貯金とかはなかったです。ご飯代とか、洋服代とかで消えちゃって。失業保険はもらえたはずなんですけど、施設の先生に相談したら、「手続きとっても大変だよ」って言われてそのままになっちゃいました」

四カ月ほど四国で過ごすが、地元に職はなく、内田さんは上京することにした。

「施設の先生からお金を借りて、夜行バスで東京に来たんです。東京ではハローワークに何回も行きました。面接までは何とかこぎつけるんですが、自分が今こういう状態（住所がない）だと話すとそれが不利になって落とされてしまうんですね。住む場所もお金もケータイもないですから。そんなことが何回も続いて、今は精神的にかなりまいってます」

彼らにとって就職するまで暮らしていた児童養護施設は、唯一頼ることができる場所であり、「実家」や「家族」と変わらないものなのだ。

同時に彼らは「（施設に）頼ってはいけない」と強く感じている。施設の後輩たちの前で「かっこわるいところを見せたくない」という思いもあるだろう。児童養護施設では、一度就職して施設を出た人を養護する義務はない。施設側も決して彼らを突き放しているわけではないが、国からの資金もないため、そのためにかかる費用はすべて施設の〝持ち出し〟となってしまうのだ。

広川さんが高校を卒業するまで育った東京・赤羽にある聖美ホームでは、施設を巣立った子どもたちが一時的に宿泊できる場所を準備している。広川さんもここを何度か利用したという。

この聖美ホームで三〇年以上、子どもたちを育て、その成長を見てきた副園長山本英人さんは次のように話す。

「困難な状況に追い込まれる卒園生は大勢います。広川君みたいに失業して次の仕事が決まらないとか、借金取りに追われているとか、未婚の母になって行く当てがないとか……。経済的、社会的基盤が脆弱な彼らが生き抜くことは大変です。しかし一度施設を出た彼らに対して、施設のお金を使うことは許されません。職員が自腹で卒園生の借金を返したなんて話はざらにありました。私もそういう経験を何度かしています」

山本さんは今から一〇年ほど前、ほかのスタッフとともにバザーで資金を募り、施設に助けを求めて駆け込んでくる卒園生のための基金を設立した。今も毎年のバザーの売上金などを基金の運営に充てている。

「早く施設を出て自由に暮らしたいという気持ちが強いのか、高校進学を勧めても、中学卒業後、すぐに就職したがる子どもが多いんです。昔ならそれでも良かったのですが、今は中卒で働ける場所などほとんどない」

実際、聞き取り調査で児童養護施設に育ったという人は六人。うち五人が中学を卒業してすぐに就職している。児童養護施設には、高校進学を希望すれば一八歳まで暮らすことができるが、就職が決まった時点ですぐに出なければならない。

彼らは一人でアパートを借りるための初期資金がないため、〝寮完備〟や〝住み込み〟が就職の条件になってくる。

「かつては職人さんの家に住み込みで入ったり、町工場の社長の家に下宿させてもらうとか、そういうのが当たり前にありました。親代わりのつもりで彼らが一人前になるまで育てようという気概のある大人も大勢いた。でも今はそういう仕事もそういう大人もどんどん減ってしまっている。会社を一歩出たら〝プライベート〟だと、私的なつながりがなかったり、寮はあっても、隣の同僚と話したことすらないとか、そういう状況になっています」

帰る家も、相談できる家族もなく、たった一五歳にして社会人としての〝自立〟を強要される――そんな過酷な状況の中でも彼らは〝大人〟として、働き、生き続けなければならない。

厳しいのは中卒の子どもたちに限ったことではない。このところの就職難で聖美ホーム
の子どもたちは皆、厳しい状況に陥っている。

「高校を卒業してもアルバイトや派遣の仕事しか見つからない子どもたちがほとんどです。でも資金的に大学に進学することは難しい。社会に出た時、少しでも同じ土俵で頑張れるように、施設にいる間はでき得る限り愛情を注いで接したいと思っています」

施設にいるうちから料理や洗濯などの家事全般を学ぶ機会を作ったり、バイトして社会経験を積ませるなど、さまざまな工夫をしているという山本さん。学校を卒業し、就職し、親元を離れ、自活する……というふうに徐々に自立への道を歩んでいくことが許されない彼らの進む道は険しい。

児童養護施設に入所する子どもたちの数は、増加傾向にある。頼るべき家族をもたないという理由で、失業即ホームレス状態に陥る事態が起きているのだ。

最後に自立援助ホームについて触れておきたい。自立援助ホームは、児童養護施設などを出た子どもたちが共同生活を送りながら、自活できるよう支援する施設で、原則一五歳から二〇歳までなら入所することができる。国からの補助金は乏しく、経営が厳しいホームが多いなか、職員たちはさまざまな問題を抱えた子どもたちと真剣に向き合ってきた。

最近、児童福祉法が改正され、二〇〇九年度から入居者数に応じて措置費が支給されるようになっている。厚労省は今後さらに自立援助ホームを増やしていく方針を打ち出しているが、集団生活の束縛から抜け出し、自由に暮らしたいと養護施設を出た若者たちが積極的に利用しているかどうかは、また別の話のようだ。自立援助ホームが一つもない都道府県などもあることから、誰もが利用できる場にはなり得ていないのが現状だろう。

†複雑な家庭環境のなかで

若者ホームレスたちは、どのような家庭で育ったのか？「聞き取り調査」で主な養育者を尋ねたところ、両親を挙げたのは、五〇％（二五人）と半数に留まり、母子家庭、父子家庭に育った人が三二％、養護施設や親戚など、父母以外の人の手で育てられた人が一八％という結果になった。この結果からも多くの若者ホームレスが複雑な家庭環境のもとで育ってきたということができるだろう。

ちなみにこの統計では、一五歳までの期間で最も長く養育した者を集計している。主な養育者は「両親」となっていても、両親が離婚後、母親が再婚し、継父に育てられた人や生後直後から小学校途中まで養護施設で育ったという人もいる。

さらに経済的に不安定な家庭に育ったと答えた人が全体の五六％に及んでいる。生活保護受給世帯に育った人、父親が営んでいた事業が失敗し、倒産を経験した人、父親が定職につかず、困窮していた人なども少なくない。

経済的理由から、進学や就職を断念したという人もいる。

母親が重いうつ病で入院、父親もアルコール依存症で入退院を繰り返していたという岡本純二さん（三九歳）は祖父母に引き取られ、育てられた。家計は非常に苦しく、岡本さんが高校に入学して間もなく祖父が亡くなると高校を中退せざるを得なくなったという。

「学費が払えなくなったんで辞めました。こうなった以上、学校辞めて働くのが当然だと思いましたから」

家計が苦しく、就職に必要な免許を取得できなかったため、内定を辞退した人もいる。

「高校卒業後、大手の警備会社で正社員の内定が出たんですけど、運転免許が必須だったんです。うちは母子家庭で免許を取るお金なんてなかったから、辞退するしかありませんでした」と話すのは、神田亘さん（二八歳）。結局、正社員での就職は決まらず、コンビニでバイトすることになる。

「その後は印刷会社の契約社員、引っ越し屋のアルバイト、日雇い倉庫作業とか、いろんな仕事を転々としました。ずっと正社員になりたくて、面接もいろいろ受けたんですけど、途中からだとなかなか難しいんですね。内定もらえた会社にちゃんと行けてればなぁ……って思っちゃうことありますよ」

奨学金をもらって高校の学費を賄うとか免許を取得できない事情を会社に説明し、相談に乗ってもらうなど、辞めてしまう前に何らかの解決策があったのではないかと考えられなくもないが、彼らは「お金がないから仕方ない」と最初からあきらめてしまっている。

†若者ホームレスと学歴

「聞き取り調査」で若者ホームレスの学歴について聞いたところ、中卒が四〇％（高校中退を含む）と非常に多かった。現在、中卒の学歴のみで仕事に就くのは容易なことではない。社会人になるスタート時点において、非常に不利な状況にあったということができるだろう。高校に進学しなかった理由については、「もともとあまり勉強が得意でなかった」「早く働いて自立したかった」といった答えがほとんど。

また若年ホームレスの一八％が高校を途中で中退している。中退理由として経済的なものをあげた人はごく少数にとどまり、「バイトが面白くて大検（高卒認定試験）でいいと思った」「勉強について行かれず、辞めてしまった」など、高校で学ぶこと事態に興味を失ったケースが多い。

大学進学に関しては、経済的な理由で断念した人もいる。「父親が多額の借金を抱えていたため、考えられなかった」という人や、家庭に大学進学資金がなかったため、新聞販売店で住み込みで働いたが、挫折してしまった人などだ。また大学進学者五人のうち、三人は中退している。理由は「人間関係が嫌になって引きこもり、退学してしまった」「途中でパチンコにはまり、学校に行かれなくなった」など。

学校でのイジメを経験した人が一六%（八人）ほどいる。片方の眼が不自由な山口明さん（二二歳）は小学校から高校までイジメられた。

「家庭科室のイスに針刺されてたのに気がつかなくて座っちゃって、ケガしたことがあった。ナイフだったら犯罪だよね」

児童養護施設で育った上村靖さん（三六歳）は、施設のことを理由にイジメられた。

「税金で暮らしてるのに贅沢するなとか言われてました。シラミが出るとすぐ自分のせいにされたり、弁当がみんな同じだってからかわれたり。いつもなんで慣れっこでしたよ」

子ども時代にイジメに遭ったことが、人間関係に対する苦手意識や人間不信に繋がっている人もいるようだ。不登校になる人がいる一方、野球、サッカーなどの部活に属し、平凡だが楽しい学生時代を送ったという人もかなりの割合を占めていることもわかった。

高校進学率がきわめて低いことについては、知的障害等の影響も考えられるだろう。若者ホームレスのなかには、知的障害や発達障害の人が少なからずおり、そのことが進学や就職等の際、大きな壁となってきたのだ。

しかし、実際に障害者手帳を持っている人は少数に留まり、知的障害や発達障害を抱えながら、家族や周囲に気づかれることなく大人になってしまった人も少なくない。実際、話の辻褄が合わなかったり、自身のおかれた現状について認識できていない人もいる。「(ホームレス状態にある)今はとっても幸せ、ホームレスタレントになるのが夢」と能天気に語る人や家出や失踪を繰り返すたびに、家族に連れ戻されている人、強迫観念や被害妄想が激しい人、「学校では授業にまったくついて行かれず、通知表は1しかもらったことがない」人なども。

ホームレス支援団体等を通して子どものころから知的障害を抱えていたことがわかり、障害者手帳を申請し、支援につながったケースもある。

精神科医や臨床心理士たちを中心に、路上生活者に対する支援活動を続けている「ぼとむあっぷ」（森川すいめい代表）では、二〇〇九年一二月に東京・池袋駅周辺のホームレス一六八人に対して知能テスト及び面接調査を実施。その結果、軽度の知的障害がある人が二八％、中度の障害がある人が六％に及んだ。軽度だとものごとを抽象的に考えるのが難しく、中度だと周囲の助けがないと生活が難しいといわれる。

根本に障害がある場合、それぞれの障害に応じた支援が必要になってくることは言うまでもないだろう。

†親の死で安定を失う

養護施設などで育ち、生まれながらにして実家を持たない人に加え、成人した後、家族との死別などによって、二〇代、三〇代の若さで〝帰る家〟を失った人たちもいる。

立木守雄さん（三九歳）は、父親との死別を引き金に安定を失い、最終的にホームレス状態に陥ってしまった。小学一年生の時、両親が離婚。その後は、父親と祖母の手で育てられた。中学を卒業すると同時に就職。寿司屋の見習いを皮切りにホールスタッフ、工員、大工見習い、内装手伝い等、一〇種類近くの職を転々としてきたという。

「長続きしないのが自分の一番ダメなところだと、わかっているけどどうまくいかない。仕事がそんなだから、収入も安定しなくてずっと実家暮らしで……。親は特に何も言いませんでした」

ひとまわりほど年の離れた姉がいるが、折り合いが悪く、嫁いだ後は連絡先すらわからない状況だという。再婚したと聞く母とは、幼いころに別れて以来、一度も会っていない。

立木さんは、祖母が亡くなった後も父親と二人暮らしてきた。

「父親は型枠大工やってたんですけど、もう七〇歳近いんで稼ぎは多くなくて……。自分の稼ぎと合わせて何とか生活しているような状態でした」

そんな父親が突然亡くなってしまう。父親の死後、製造業派遣に登録し、自宅近くの自動車工場で働くことにした立木さん。仕事に就いて三カ月、ようやく仕事も覚え始めた矢先、激痛に襲われる。持病のギックリ腰の症状が出て、布団から起き上がれなくなってしまったのだ。

「ずっと立ちっぱなしで夜勤入ってたし、冬場だったんで、それが（腰に）来たんでしょう。仕事は退職。失業保険の手続きに行ったんですが、半年経たないともらえないと聞いてあきらめました」

貯めていたお金も底をつき、家賃を滞納した末、立木さんはアパートを出て、路上へ行かざるを得なくなったという。

父親と二人暮らしを続けてきた中島勉さん（三七歳）も、父親の死によって安定を失ってしまった。高校卒業後、家業の内装業を手伝ってきたが、中島さんが仕事を始めて一一年目に倒産。製造派遣で働くことにした中島さんは父親と家賃を折半することで何とか生活を維持してきた。しかし、父親の死によって状況は一変する。

「それまで借りていた借家の家賃は一人では払いきれないので、安いアパートへ引っ越さざるを得ませんでした。手元にあった一五〇万円近い貯金は、父の葬式代と引っ越し費用ですべて消えてしまいました」

父親の死から一年、派遣切りに遭った中島さんは家賃が払えなくなり、追い出されるようにして借家を出るしかなかったのだ。

†経済的理由で帰れない

肉親との死別によって、最後の防波堤である実家を喪失してしまった若者たち。しかし、実家を喪失する理由はそれだけではない。

植田勝之さん（三七歳）は、中学卒業後、大工見習いや自衛隊勤務を経て、警備会社のアルバイトとして一〇年ほど働いてきたが、二年前にその会社が倒産し、仕事を失ってしまう。就職活動するものの、仕事は簡単に見つからない。帰省して実家に身を寄せようと考えた植田さんだが、それは叶わなかった。

「両親は生活保護を受けていたんです。オヤジは木型職人だったんですけど、体を壊して働けなくなっちゃって、お袋も病気で寝ている状態。そこに自分が帰っちゃうと「働ける人が帰ってきた」ってことになっちゃうから、最悪、二人の生活保護も切られかねないってオヤジに言われて、実家に戻ることはできなかったんです。家族全員で路頭に迷うわけにはいかないですから……」

自営業で収入が安定していなかった植田家では、植田さんが幼いころから生活保護を受給していた。実家に貯金はなく、年金もほとんど支給されない。年老いた両親の生活を支えるのは、生活保護しかなかった。

植田さん同様、実家はあり、家族は生きているものの、経済的理由で頼れないという人は多い。

岩手県出身の川西太郎さん（三六歳）は、父親が抱えた多額の借金が原因で、実家に帰ることができない。

「父親は地元で採れる果物を小売りする青果業を営んでいました。幌付きトラックに野菜とか果物を積んで観光客に売るあれです。でも、うまくいかなくて、私が中学生の時、倒産しました。サラ金からしょっちゅう電話かかってたんで、家の経済状態が悪いことは、子どものころから気づいてましたね。父親はお酒もタバコもやらない、マジメを絵に描いたような人だったんですが、実は隠れてギャンブルやってたんです。仕事に行くふりして競馬場に通ってたらしくて……。そっちの借金も相当あったって聞いてます」

幼いころから明るい性格で利発な子どもだったという川西さん。

「勉強は嫌いじゃなかったんですけど、早く学校を出て働いて父親の借金を返すのが当たり前だっていう無言のプレッシャーもありましたからね。だから大学とかは考えなかったです」

川西さんが高校を卒業するころに両親は離婚。現在、母と妹は母親の生家に身を寄せているという。

「相当肩身の狭い思いをしていると思います。田舎だからまわりもみんな事情知ってますからね。借金のほうは親戚のおかげでほとんど済んだみたいですけど、自分の帰れる場所なんてありませんよ」

数年前、川西さんはひょんなことから、離婚後、長いこと消息不明になっていた父親の居場所を知った。

「警備会社の寮に住んでいた時、宮城県A市の生活保護課から手紙が来たんです。父親が生活保護を申請したらしく、息子である私に父親の面倒を見られないかという問い合わせだったんですね。私も生活苦しかったんで断りましたが、その手紙から行方知れずだった父が実家に近いところに住んでいることがわかって驚きました」

†〝家族消滅〟

父親が定職に就かず、借金を繰り返していたという田中治さん(三九歳)。

「酒とギャンブルにだらしなくて、サラ金に追いかけられて夜逃げですよ。母親が保険のセールスとかやって稼いでたんですけど、時々キレて、僕と妹置いて家を出ちゃう。「もうお母さん出て行くから」って飛び出して数日戻らない。暗い家の中で妹と二人テレビ観ながらずっと待ってたことありました。今なら育児放棄とかで捕まってますよね(笑)」

そんな状況を見かねて、近所に住んでいた叔父と叔母が田中さん兄妹の面倒を見ていたという。結局、両親は彼が中学のころに離婚。

「水商売を始めた母親がお客と仲良くなっちゃって家に帰ってこなくなったんです。自分と妹は父親に預けられたんですけど、父親はパチンコ屋の寮に住んでたんで、ほとんど叔父と叔母に面倒みてもらってました」

母親は再婚し、子どもを二人もうけたと聞く。

「『今度は失敗したくない』って言ってました。俺、母親が一九歳の時の子どもなんです。『あんたのせいで成人式出られなかったんだから』ってよく聞かされてました。母親にとっては俺の存在も〝失敗〟の一つなんでしょう」

パチンコ店に住み込んでいた父親はその後、消息がわからなくなり、叔父と叔母も引っ越してしまい、連絡が取れない。妹は結婚し、新しい家族を築いた。かつてあった〝田中家〟は消滅したのだ。

秋田県の漁村に生まれた夏目務さん（三六歳）。父親は市の臨時職員をしていたが、収入は一家が暮らしていくには十分ではなかったという。中学卒業後、飲食店でアルバイトをしながら定時制高校に通い、四年かけて卒業した夏目さん。その後、海上自衛隊に入り、一二年間務めるが、任期切れとなり除隊。就職活動をするがなかなかうまく行かない。

「実家に戻って態勢を立て直そうと思ったんですが、自分が家を出た頃とは状況が全然違ってました。今は兄夫婦とその子ども二人が実家で両親と暮らしてて自分の居場所はまったくない。兄も正社員じゃないから経済的に厳しくて、俺の面倒みるどころじゃないですよね」

兄夫婦の稼ぎと両親の年金で何とか成り立っている家族の生活に夏目さんの入る隙間はない。

中学で父親を亡くした馬場博文さん（三二歳）は、結婚した妹が母親と一緒に暮らしている。

「母、妹、義弟、甥、姪で暮らしています。普通に仕事をしてた時は時々立ち寄って、甥っこたちにおこづかいあげたりして〝いい叔父さん〟やってたんですよ。だから今の状態を知られたくない。特に自分より年下の義弟にはすごく負けてる気がして、絶対会いたくないですね」

父親や母親の再婚、兄弟姉妹の結婚等によって、それぞれの〝新しい家族〟が築かれた結果、〝元の家族〟は消滅していく。大人になって実家を出る、結婚して新しい家族を作るなど、時の流れとともに、家族成員は替わり、家族形態は変容する。ごく当たり前の流れだが、しかしそうしたなか、〝新しい家族〟を見出せない者たちは一人取り残されていく。〝元の家族〟と〝新しい家族〟が緩くでも繋がっていればいいのだが、遠慮や不仲からその関係は断絶している場合が少なくない。

もちろん、両親がいつまでも健在なわけではなく、〝元の家族〟が永遠に続くわけではないが、家族形態の多様化や核家族化のなかで、〝元の家族〟が消滅するリスクはかつてないほどに高まっており、家族というセーフティネットはどんどん脆弱化しているということができるだろう。

〝元の家族〟たちが〝新しい家族〟を築いた結果、実家が消滅してしまった人たち。養護施設に育った人や親と死別によって実家を失った人たちと同様、彼らもまた〝帰る家〟を持っていないのだ。

†フリーター、ニートを経て路上へ

ここまでは両親との死別や家族の消滅によって、〝帰る家〟を失った人たちのケースを見てきた。一方、家族は健在でいざとなれば経済的に頼ることもできるが、家族との確執が深いため、帰ることができない若者もいる。

「聞き取り調査」で実家を出た理由をたずねたところ、約半数が就職や出稼ぎなどをあげ

たが、二四％（一二人）が家族との確執をあげている。物理的には〝実家がある状態〟にもかかわらず、なぜ彼らはあえてホームレス状態を選択するのか？

島田正彦さん（二九歳）も両親は健在だが、実家に帰ることができない。神奈川県出身の島田さんは、高校卒業後、某大手電機メーカーの子会社に正社員として就職した。

「僕の通ってた私立高校は技術系で授業料がものすごく高かった。だからちゃんとした会社に入社できた時は、これで少しは親に顔向けできるって嬉しかったですよ」

給料の半分近くを実家に入れていた孝行息子の島田さんだったが、入社二年でリストラされてしまう。

「まさか自分が対象になるとは思ってもいませんでした。経済がドーッと悪くなって、工場を縮小せざるをえなかったんです」

失業保険を受給しながら、就職活動を始めた島田さん。最初はのんきに構えていたが、なかなかいい仕事が見つからない。仕方なく短期のバイトや派遣で働くことにした。

「人見知りなんで、接客業とかダメなんですよ。だから仕事が限られちゃう。大手衣料品店の倉庫とか、漬物工場の倉庫、スーパーの流通センターとか……どれも短期契約なんで長続きしない。二〇社近くは行ったんじゃないかな。親にすればいつまでたってもまともに働かないように思えるんでしょう。「正社員で働け、バイトじゃダメだ」って散々言われて……どんどん折り合いが悪くなっていきました」

好んで短期派遣を選んでいるわけではない。三〇歳を目前にこのままじゃいけないということは痛いほどわかっているけれど、現実がついてこないのだ。

派遣やバイトが見つからない時は、自室にこもり、時間をやり過ごすしかなかったという島田さん。

「いわゆるニート状態です。部屋ではインターネットとゲームで現実逃避してました。親がキレるのも当然ですよね」

ささいなケンカをきっかけに実家を後にした島田さん。それから一年以上経つが、今も両親に対する思いはある。

「二人ともいい齢だから心配。実家にいたころ父が突然、脳内出血で倒れたことがあったんです。一時的に記憶をなくして母親の名前もわからない状態の時に僕の名前だけ呼べた。『正彦来てくれたんだね』って。それだけ心配かけてたんだと思ったら泣いちゃいましたよ。どっか正社員決まったら、菓子折もって実家行って、一晩泊まってじっくり話したい。本当はここから電車乗れば、一時間ちょっとで帰れるんだけどね。たった一時間の距離なのに、ブラジルより遠く感じる。でも今のままじゃ顔向けできないからね。まさにこれから親孝行できるって時になったら、電話一本かかってきて「亡くなりました」ってことがあるのかもしれない。そうしたら「海外旅行の一つでも連れて行ってあげればよかった」って後悔するのかな」

気まじめな孝行息子ゆえの苦悩は深い。

北川明さん（三五歳）は、専門学校卒業後、正社員として仕入れ問屋に就職するが、二年勤めた後に自主退職。理由は「家族経営の小さな会社で、いつも単調な仕事ばかりだったのがイヤになったから」だという。その後、実家で母親と二人で暮らしながら、自宅近くの牛丼チェーン店、パチンコ店でそれぞれ五年間アルバイトを続けた。

「正社員とかはあんまり考えなかったです。牛丼チェーンを辞めたのは、その店が別の場所に移転することになったから。パチンコ店は撤退することになっちゃったんで辞めました」

パチンコ店を辞め、無職になった北川さんだったが、すぐに仕事を探さず、数カ月間、家でゴロゴロしていて働かなかったという。

「それで母親がキレたんですよ。借金もあるのにいつまでこんな生活してるんだって。実は俺、パチンコと競馬で作った借金が三〇〇万ほどあったんですよ。大半は母親が返してくれたんですけどね。まあとにかくそれで母親と大喧嘩になっちゃって、あり金全部もって家を出たんです」

以来、北川さんは一度も家に帰っていない。

トラブルの元となるのは、親との関係ばかりではないらしい。

高村元さん（三九歳）の場合、弟から〝追い出される〟形で路上へ出ている。大学受験に失敗した後、職を転々。その間、実家で暮らしてきた。

「うどん屋、ふぐ屋、焼き肉屋とか、飲食業を中心に正社員、アルバイトなどいろいろやってます。最後は和食関係で調理とか洗い場とかやったんですけど、ついて行かれなくて辞めました」

もともと収入が少なく、実家にいづらかった高村さん、店を辞めたことを家族に言えず、四カ月くらいは「仕事に行ったふり」をしていたという。

「それが弟に知られましてね、ずっと何もせんと家おるんなら出て行け、働かんやつはいらんってね」

一度正社員を経験するが、何らかの理由で失業し、その後、就職活動をしてもうまく行かず、短期バイトや派遣を繰り返す人は実に多い。仕事が途切れれば、昼間から家でフラフラ……ということもある。そんな状態を「いつまでも遊んでいる」と捉えられるのも無理はない。いわゆるフリーター／ニート状態を続けるうちに、家族との確執が深まり、何らかのきっかけで家を出ざるを得なくなってしまうのだ。

†借金の果てに

家族との確執の原因は、転職を繰り返す、失業状態が長い、フリーターを続ける……など、就業に関するものに加え、借金が原因である場合が多い。パチンコなどのギャンブルで作った多額の借金を親に肩代わりしてもらったことが、〝縁の切れ目〟となり、実家へ戻れなくなっている人も少なくないことがわかった。

久保田泰彦さん（三四歳）はギャンブルが原因で家族との関係を破綻させてしまった。家族を巻き込んだギャンブルとの葛藤は想像を絶するものがある。

久保田さんが初めてギャンブルにはまったのは、専門学校に通い始めた一九歳の時だったという。高校球児でプロを目指すほど野球に没頭していた久保田さんは、スポーツトレーナーを養成する専門学校に通うが、勉強についていけず、中退する。

「あの頃からストレスがたまるとギャンブルというパターンが身に付いたんでしょうね。中退後、スポーツクラブのインストラクターのバイトを始めたんですが、ある日、仕事をさぼってパチンコ打ちに行っちゃって無断欠勤。そのまま退職です」

パチンコ代はほとんどが借金。学生時代から、消費者金融で気軽に借りていたという。

「学生証と健康保険証があれば、学生でも借りられるんですよ。五万円から始めて最大で五〇万円。あっという間に元本だけでも四〇〇万円に膨れ上がっていました。親にバレてしまってそりゃもう大変でしたよ」

借金の大半は、大手自動車工場の関連企業で働くサラリーマンの父親が肩代わりして支払った。その後、メガネチェーン店の正社員の仕事を得、働き始めるが、その間もパチンコとは手が切れなかった久保田さん。

「メガネチェーン店に入って数カ月目に風邪をこじらせて肺炎になったんです。二週間入院して明日退院という日の前日、妹が見舞いに来て入院代を置いていった。それ見たらどうにも我慢できなくなって、点滴引っこ抜いて、パジャマの下に服を着て、病院脱走してパチンコ行っちゃいました」

病院は大騒ぎとなった。久保田さんの両親はアメリカ滞在中だったが、現地から呼び戻されたという。大騒動を起こし、家に戻れなくなった久保田さんは、数日を駅で過ごした後、風俗店の仕事を見つけ、住み込みで働くことにした。二年ほど働き、店長を任されるまでになったが、重責に耐えられず、退職。

「その当時もギャンブル漬の生活で借金が三〇〇万円くらいありましたね。仕事辞めた後は、付き合ってた店の女の子のところに転がりこんでヒモみたいな生活してました。彼女は風俗で働いて、俺は彼女からお小遣いもらってパチンコ三昧。最低ですよね」

そんな生活を四年ほど続けた後、ついにその女性から追い出された久保田さん。その後は飯場での仕事をするがなかなか続かない。

「もうどうにもならなくて、精神的にも追い詰められて実家に電話したら、母親が迎えに来てくれました。電車賃さえなかったんで駅まで来てもらったんです。本当に本当の最後のチャンスってことで家に入れてもらいました」

しかし久保田さんは、その最後のチャンスもみずから潰してしまった。

「母親と妹はギャンブル依存症は病気なんだから治療を受けるのが先だって言ったんですが、父親は〝病気〟だと認めたくないのか、甘えだって言い続けて……。ギャンブル依存症の病院にも行ってみたんですけど、薬があるわけじゃないですからね。とにかく仕事しなきゃと思って就職活動するんですけど、全然ダメ。空白の時期があるとすごい突っ込まれるんですよ。ピンサロのボーイやってましたなんて言えないですからね。父親は正社員しか受け入れないってタイプなんでまた毎日ケンカの繰り返し。その後警備員のバイトを始めたんですけど、そこ給料が手渡しなんですよ。久しぶりに札束見たら完全にスイッチ入っちゃって、そのままパチンコです。その時以来、家には帰ってません」

久保田さんのケースほどでないにしても、パチンコで借金を作っているという人は実に多い。「聞き取り調査」では、対象者の約半数に借金があること、二八％（一四人）にギャンブル依存症の傾向があることが、明らかになった。

取り立て業者が家族のもとにやってくるため、実家にいられなくなったという人もいる。福島県出身の安西豊さん（三七歳）。パチンコで借金を作り、複数の消費者金融から借りた総額は五〇〇万円に及んだ。

「取り立ての電話だけじゃなく、「あそこの息子はああだこうだ」と近所に悪いウワサを流されました。小さな田舎町なんですぐ広まりますからね。長いこと同棲してた婚約者がいたんですが、借金のせいで破談になりました。地元にも実家にも居られなくなって、仕事を辞めて上京し、そのままホームレスです」

人生を大きく狂わせてしまうギャンブルの問題。そこには誰でも簡単に借金ができる消費者金融の問題もある。ギャンブル依存と借金の果てにホームレスになった若者は実に多い。

実家があり、家族がいる場合、養護施設出身の人や親と死別するなどして実家を喪失した人に比べ、路上から脱出することは容易だと考えがちだ。しかし、家族との確執の末、家を飛び出してきた彼らにとって、家族のもとに帰ることは非常に困難で、複雑な問題をはらんでいることが多い。

†ひどい親から逃げ出す

実家に頼りたくてもすでに頼れる親や家族がない若者たち、そして親や家族との確執が原因で帰るべき家を失ってしまった若者たちを見てきた。一方で実家はあり、家族は生きているが、あまりにひどい家族のため、自ら〝放棄〟するかのように、路上へ出たという人もいる。

福島県出身の山本徹さん（二七歳）が実家を離れたのは、中学を卒業した一五歳の時のことだった。

「今でいう虐待、受けてたんです。父親の暴力もあったけど、何より無視されてたのがきつかったですね。弟が生まれてからひどくなって、「勝手にやりなさい」って母親に言われて……。飯に呼んでもらえない。家族がいない時間、一人で残り物とか食べてました。弟のほうがかわいかったんでしょうね。あからさまに差別されてましたから。父親は自衛官なんですよ。自衛隊なんて死んでも行きたくないのに、「中学出たら自衛隊入れる」って毎日どやされてました」

そんな山本さんの苦境を知り、救いの手を差し伸べたのが、中学校の担任教師だった。中学卒業後、親元を離れて上京し、住み込みで働ける就職先を山本さんに紹介したのだ。

「そこは先生の知り合いがやっているお寿司屋さんでした。「高校はいつでも行ける。とにかく親元を離れるほうが先だ」と言ってくれて……。親にも家を離れることを直談判してくれました」

たった一五歳で家族から逃げるように上京した山本さん。寿司屋で修業を重ね、二〇歳の時、定時制高校に入学する。

「寿司屋だと夜仕事なんで定時制に通えないんです。それで新聞奨学生になって住み込みで働きながら、高校に通うことにしました」

実家には一切連絡先を教えていなかった山本さん。ある時、中学の担任教師から連絡が入る。

「両親が離婚するとかで、母親が会いたがっていると教えてくれたんですけど、連絡しませんでした。それから半年くらい経って、東京での仕事がうまくいかなくなったんで、地元で仕事探そうと思って、二二歳の時、福島に帰ったんです。実家がどうなってるか見に行ったら、家があった場所は「売地」になってました。今家族がどこでどうしているのか、まったくわかりません。まあ自分には関係ないことですけど……」

その後、福島の製菓会社で派遣社員として五年近く働くが、工場は中国移転により閉鎖。地元で仕事を探すが見つからず、再び上京する。しかし仕事はなく、現在に至っているという。

大野弘樹さん（三六歳）も、酒に酔っては暴力を繰り返す父親を棄てて逃げ出した一人だ。

「飲むと暴れる、物を投げる……とにかく手がつけられなくなるんです。家の中はいつもガラスが飛び散ってるような状態。母親が縫製の内職やって食いつないでました。オヤジは昼間から家でゴロゴロしてて、小学生の俺が帰ると「お母さんから金もらってこい」って言うんです。言うこと聞かないと家から追い出される。オヤジはその金で酒とパチンコ三昧でした」

そんな生活から先に逃げ出したのが、一歳上の姉だった。

「姉貴が家を出たきり帰ってこなくなって、それからしばらくしたらお袋から「私も出ていくけど、お前はどうする？」って言われて。オヤジと二人残るなんて論外だから、お袋と一緒に荷物まとめてオヤジがいない時間に逃げ出した。一六歳の時でした」

家計を支えるため、中学卒業後から働き始めていた大野さんは母親と二人で生活する。しかしその数年後、母親はガンのため他界してしまう。

「当時姉貴は、彼氏の家に居候状態だったんですけど、母親が亡くなったころ、彼氏と別れて、住むとこなくなっちゃった。俺も誰も知らないところに行ってやり直したいみたいな気持ちが強かったんで、姉貴と一緒にローカル線に乗って終点まで行ってみたんです」

列車は新潟の地方都市に到着した。駅前の電話ボックスにあった電話帳で求人を探し、二人は夜の仕事を見つける。

「姉貴はホステス、俺は居酒屋のホールで働きました。それぞれ寮に暮らしてたんで、時々連絡を取るくらいだったけど、そこに一〇年近くいましたね」

ところが二〇〇八年四月、居酒屋は倒産。大野さんは仕事を失ってしまう。姉は数年前、ボーイフレンドと他県へ引っ越しているため頼れない。上京して仕事を探すが見つからず、路上生活を続けている。

実家があり、家族も生存しているが、帰れない、帰りたくない事情がある。家族との負の連鎖を断ち切るかのごとく、みずから〝家を棄てる〟ようにして実家を離れるのだ。

†経済的搾取

前述した二人のように、暴力的な家庭環境から逃げ出した人に加え、経済的に搾取されていたと証言する人もいる。

中学卒業後、就職してからはすべての収入を実家に入れ、弟の学費まで支払わされていたと話す谷口邦明さん(三九歳)。

「家の借金がすごかったんですよ。自分、子ども時代だけで、五回引っ越ししてる。オヤジがギャンブル中毒で、家賃が払えなくなって知り合いに借りて、返せなくなると夜逃げ同然にそのまま引っ越しちゃう。おかげで中学の卒業式には出られませんでした。高校に行くという選択肢はそもそもなくて、卒業したら働いて家に金入れるものだって育てられましたから」

給料はすべて両親の借金返済や弟の学費に消えたという。そうした状態は谷口さんが二〇代半ばで結婚するまで続いた。

「でも半年で離婚しました。相手のうちは小金持ちだったから、親は離婚が面白くなかったんだろうね、散々もめてそれきり親の顔は見てません。離婚のゴタゴタでとにかくもういろんなことがどうでもよくなって、仕事辞めてプー太郎状態。仕事やる気も起きなくて、あり金なくなった後は、路上です」

中野良介さん(二七歳)の場合、進学を巡って親との関係が悪化する。将来はコンピュータ関係の仕事に就きたいと大学進学を希望していた中野さん。しかし両親は強く反対した。

「中学のころから、「就職しろ、就職しろ」の大合唱。高校進む時も工業高校とか、商業高校行けって散々言われましたよ。(親に)借金があったとか、そういうわけじゃない。ただ自分たちが楽したかっただけなんじゃないの」

親の反対を押し切り、地元の国立大学に入学した中野さん。親との関係はどんどん悪化し、食事も別々。家にいる時はいつも自分の部屋に閉じこもっていたという。

「実家はこりごりだったんで、就職は初めから県外を考えてました。神戸での就職の内定が出た時も、両親には黙ってましたよ。地元の会社しかダメだぞって言われてたから、内定した会社に電話して断わられると思ったんです。ホント、やな家庭ですよ。離れられた時は清々しました。一切連絡を取ってなかったんですけど、一度、社員寮に押しかけてきて「一〇万貸せ」って言われたんで、ベランダの窓から外に逃げました」

親を棄てるように実家を出た中野さんは、親の元へ帰るくらいなら、路上にいるほうがずっとマシだという。実家があり、家族も生存しているが、それぞれに帰れない、帰りたくない事情があるようだ。

†家族との連絡

「聞き取り調査」では、七割を越える人が家族と連絡が取れない、または取らない状況にあることがわかった。「勘当されているので帰れない」二〇%（一〇人）、「家族に迷惑がかかるので連絡をとることはない」三〇%（一五人）という人が多く、「連絡先を知らない」という人も八%（四人）いた。家族がいて、実家があっても帰れない事情をかかえていること、家族との間に修復困難な確執がある人が多いということができる。

一方、「二度と帰らない」と言いつつも、家族や実家のことが心から離れない人も少ない。

山口明さん（二二歳）は、短大卒業後に就職した正社員の仕事を辞め、パチンコで多額の借金を作ってしまったことから、実家に居づらくなり、家を飛び出してきた。

「両親が元気でいるか知りたくて、無言電話をかけたことが何回かあります。「もしもし、もしもし、どちら様ですか？」って電話口で言われて切られましたけど。ただ声が聞きたかったんです」

父親との確執で家を飛び出し、何年にもなる小田島誠さん（二九歳）。小田島さんは中学卒業後、父親の紹介で大工見習いを始めるが半年も続かず、辞めてしまう。その後、印刷工場で働くが夜勤が頻繁にある過酷な労働条件に耐えられず、やはり一年足らずで退職。その後も製本工場、製造業派遣など、数種類の仕事を転々とする。そんな小田島さんに父親は「何をやっても長続きしない」と怒りを募らせていく。

「タクシー運転手をしている父親は、「寝ないで働くのが当たり前」と思っているから、簡単に辞めてしまう僕のことが理解できなかったんでしょう。もともと折り合いが悪かったけど、さらにひどくなって、それで家を飛び出したんです」

その後、三年近く建設日雇いと路上を繰り返すような生活を送った小田島さんは、生活保護を申請することにした。

「そうしたら実家に問い合わせが行ったらしくて、今の状態がバレちゃいました。父親から葉書が一枚届いて「若いくせに何考えてるんだ、もう勘当だ」って書かれてありました。家に戻りたいとかそういうんじゃないんです。そもそも父親とは会話すら成立してなかったですし……。こんな自分、縁を切られてもしょうがない。だけどその葉書は捨てられなくて、ずっと持ち歩いていました」

帰りたくても帰れない――家族に対する複雑な感情を持ち、悩み葛藤していることがうかがえる。

†新しい〝ホーム〟へ

さまざまな事情で実家がない、実家があっても帰れない若者ホームレスのケースを見てきた。実家がある人に関しては、家族との関係を修復し、一から出直す可能性がゼロではないが、それは容易なことではないだろう。

〝ホームレス（homeless）〟には、住居がない（houseless）という意味だけでなく、拠り所となる家族（home）がないという意味も含まれている。つまり単純に住居や仕事を得られたとしても、家族（home）がなければ、ホームレス状態に変わりはないのだ。

では帰るべき家族（home）をもたない人はどうすればいいのか。〝新しい家族〟を築くこともまた解決に繫がるだろう。〝新しい家族〟とは、結婚し、家族を持つことで築かれる家庭であるかもしれないし、友人、仲間、NPOなど、血のつながりはないが、家族のように悩みを相談できる〝新しい家族〟でもあるかもしれない。彼らが本当の意味でホームレスでなくなるためには、〝新しい家族〟＝ホームが必要なのだ。

第三章　若者ホームレスと仕事

ファーストフード店で寒さをしのぎ、夜を明かすこともある。（撮影：高松英昭）

昨今の厳しい経済状況のなかで、若者ホームレスが仕事を探すことは簡単ではない。しかし、彼らはまだ二〇代、三〇代と若く、選り好みしなければ仕事はあるのではないか。そんな疑問が湧き上がってくるかもしれない。仕事も住居もないという極限状態にありながら、彼らはなぜその状態に居続けるのか。

住居はもちろんだが、継続的に続けられる仕事がなければ、路上から抜け出し、完全に自立することは困難だ。そこで第三章では、若者ホームレスと仕事について見ていきたい。「彼らはどのような仕事をしてきたのか?」「いつどのような理由で仕事を失い、ホームレス状態に至ったのか?」「将来仕事を見つけ、自立する可能性はあるのか?」彼らの声を聞きながら、探っていきたいと思う。

†「正社員」経験者は意外と多い

「若者ホームレス五〇人聞き取り調査(以下「聞き取り調査」)」で、若者ホームレスの就業経験を聞いたところ、全員就業経験があり、八割以上が正社員として雇用された経験を持つことがわかった。なかには大手企業の関連会社に勤めていた人、店長や主任など、中間管理職の経験がある人、起業経験がある人もいた。

もちろん一口に「正社員」といっても、実態が伴っていない〝名ばかり正社員〟であることは十分考えられる。健康保険、厚生年金等の社会保険、雇用保険などの加入状況を聞いたところ、「入っていた」と明確に答えられた人は少なく、「保険に入っているかどうかさえわからなかった」と答えた人もかなりの数にのぼった。そこでここでは、本人が「正社員」と認識していたこと、仕事の契約が有期でないことで集計していることを断っておく。

最初についた職種をみると、製造業一九人、接客業一〇人、建設業七人と多く、続いて調理四人、自衛隊四人、販売や営業二人、清掃二人、その他二人と続く。

また、学校卒業後、正社員として就職した人は、全体の八六%に及び、卒業時に就職先が決まらず、フリーターやニートになってしまった人は一四%に留まった。これは「聞き取り調査」対象者の平均年齢が三二・三歳であることから、彼らの多くが中学、高校などを卒業し社会に出た九〇年代半ばはいわゆる就職氷河期初期のころだったため、多少は仕事に就きやすかったということが考えられるかもしれない。就職先は、学校の就職課や教員経由で見つけた人が最も多く、次いで親の紹介が多かった。

いずれにせよ、彼らの大半は少なくとも一度は正社員の仕事に就き、社会人としてのスタートを切っているということができる。もしそのまま社会人としての生活が軌道に乗っていれば、ホームレス状態にまで陥ることはなかったに違いない。彼らはなぜ仕事を失い、安定を失ってしまったのだろうか。

†階段から一段ずつ落ちていく感じ

デザイン系の専門学校を卒業後、大手自動車会社の下請け工場に正社員として就職した馬場博文さん（三二歳）。住宅設計やコーディネートなどの仕事に就くのが夢だったが、地元には就職口がなかったため、学校の就職課で勧められた工場への入社を決めたという。

「不況だったんでこんなものかなと思いました。仕事も給料も悪くなくて、満足してたんですけど、就職して七年目に親会社の三菱自動車（現・三菱ふそう）がリコール問題を出してしまって、工場が閉鎖されることになったんです」

正社員だった馬場さんは、希望退職するか青森工場へ転勤するか、いずれかを選択するよう命じられる。

「青森に転勤したらずっとそのまま戻ってこられなくなるかもしれないと言われて……その頃は地元に彼女や友だちもいたんで、転勤は選ばず、退職したんです」

退職と同時に地元の精錬工場の期間工に採用された馬場さん。月収は四〇万円程度でボーナスや社会保険もあり、クレーンオペレーターやフォークリフトなどの資格を取得することもできたという。

期間工として三年を過ごし、次回の契約更新を待っていると、「次は派遣会社経由で登録して働いてほしい」と会社側から打診される。

「二〇〇四年頃から、工場に派遣の人が大勢入ってくるようになったんです。工場側としては派遣会社経由にすれば、年金とか保険料を払わなくてすむからメリットが大きいらしいんですね。正社員や期間工の自分とほとんど変わらない仕事をしているのに、派遣というだけで給料が全然違う。四〇万近くあった給料が二〇万くらいに下がるって聞いて納得いかなくて、それで辞めたんです」

二〇〇三年、派遣法が改正され、それまで禁止されていた製造業への労働者派遣が認められるようになると、現場では派遣労働者が急速に増え始めた。期間工やアルバイトとして直接雇用契約されていた労働者は、雇用主にとって都合のよい派遣労働者への転換を求められ、従わなければ契約更新をしないという事態が生じたのだ。

馬場さんは実家に戻り、就職活動をすることにしたが、簡単に仕事は見つからない。仕方なく上京して仕事を探すことにした。派遣会社経由で都下にある半導体工場での仕事が決まったのも束の間、半年契約のはずが、三カ月で生産が終了し、別の工場へ移るように指示されたのだった。

「その時は派遣のことよくわかってなかったんです。いきなり生産が終わっちゃって、地方の辺鄙な工場にまわされたんで辞めてしまいました。また別の派遣会社探して登録して、他の自動車工場で働きました。フォークリフトの資格を生かして資材の運搬なんかをやりましたね。そこは半年更新で一年働きましたけど、減産になってしまって一年で切られてしまったんです。雇用保険も会社側が負担しなくて済むように三カ月更新になっていたんで、保険をもらうことはできませんでした」

ウィークリーマンションに泊まりながら製造業を中心に就職先を探すが、大量の派遣切りが出ている状況のなか、見つからない。所持金が尽き果てた後は、ネットカフェや路上を繰り返す状態が続いた。

「どうにもならないんで、日雇い派遣に登録して引っ越しとか運送作業をやりました。倉庫での運搬作業もありましたね。どれも希望者が殺到してて、週二日入ればいいほう。二日の稼ぎで一週間やりくりするから、最低限の生活しかできません」

ネットカフェと路上を行き来していたところ、手配師に声をかけられた馬場さんは、建設日雇い労働者として飯場で働くことにした。

「もう最悪でしたよ。部屋代とか、食事代とか前借りさせられて利子も付くんで、一五日働いても三万円程度しかもらえない。一度、バールが飛んできてケガしたことがあるんですけど、治療費さえ出してくれませんでした。飯場は違法でヤバイのがほとんどだから関わらないに越したことはないですよ」

専門学校卒業後、正社員の仕事を得たにもかかわらず、期間工 ⇓ 製造業派遣 ⇓ 日雇い派遣 ⇓ 飯場と就業条件がどんどん悪化していった馬場さん。

「まるで階段から落ちていく感じですよね。良いところから悪いところへ落ちていく。期間工まではそこそこうまく行ってたんですよ。自分的にはあの後、安易に派遣を選んじゃったのが最大の間違いだったなって後悔してます。もう少し粘って何でもいいから正社員探せばよかったなあ」

その階段からは一度落ちると簡単に上がることはできない。馬場さんは時間が許す限りハローワークに通い、仕事を探してきた。

「交通費もったいないんでハローワーク近くの駐車場で寝泊まりしてたこともありました。

でも製造業不況に加えて、住所もない、身分証もない、携帯電話もない状態なんで、かなりハードル高いんですよ」

馬場さん以外にも景気悪化や非正規化の進行、派遣解禁などを背景に、正社員⇓アルバイト⇓派遣社員⇓日雇い派遣……というパターンを辿り、労働力としてダンピングされていった人は大勢いる。しかしこれは誰もが陥る罠だ。リコール問題がなければ、転勤に合意していれば、派遣へ登録しなければ……と馬場さんが述懐するように、ちょっと躓いただけで安定した地位は揺らぎ、奈落の底へまっしぐらといった場合も少なくないのだ。

†夢を目指して辞めたはずが……

前述のように、若者ホームレスの多くが学校卒業後、「正社員」として就職していることがわかった。「聞き取り調査」では、若者ホームレスたちが学卒後最初に就いた仕事を辞めてしまった理由についても聞いている。

馬場さんのように会社都合によるリストラや倒産、派遣切りに遭った人や、過酷な労働に耐え切れず退職した人、職場の人間関係やイジメが原因で退職した人もいる。一方で半数以上が、「別の可能性を探るため」と回答。「まだ若いから違うことをしたい」「もっと刺激のある仕事に就きたい」など、若者にありがちな理由で辞めていることがわかる。

安西豊さん（三七歳）もその一人だ。安西さんは高校中退後、親戚が営む工場で正社員としての職を得た。

「ビデオデッキなんかの部品を作る小さな工場で、自分は機械オペレーションを担当していました。仕事は単調だったけど、二〇人弱の小さな工場だったんで、みんな家族みたいに仲が良い。特に不満はありませんでした」

安西さんは高校三年生の時、胃潰瘍にかかって入院したことをきっかけに高校を中退している。

「完治したんですけど、出席日数が足りなくなっちゃって……でも留年するのはイヤだったんで辞めてしまったんです。仕事が見つかれば何でもいいって感じで慌てて決めちゃったんで、自分で選んだ感じがしなかったっていうのはずっとあったかな」

そこで六年ほど働いた安西さんは、以前から憧れていたというトラックドライバーへの転職を決意する。休みといえば愛車を繰り出して出かけ、改造にも多額のお金を費やすほど車好きだった安西さん。好きなことを仕事にしたいと考えたのだという。

トラック運転手の仕事は求人誌で見つけた。安西さんは大型免許が必要ない中型トラックでセメントやサッシを運ぶ中距離ドライバーを任されることになる。

ところが憧れと現実は大きくかけ離れたものだった……。

「とにかく長時間労働なんです。トラックっていうのは、夜中だろうが何だろうが、お客さんが指定した時間には何が何でも行かなくちゃいけない。たとえば、朝一番で千葉に行って荷物積んで、埼玉に寄ってまた荷物積んで仙台に届けて、さらにそこで荷物積んで福島に戻るとか……毎日がそんな感じ。経費の関係で高速は使えないんで、時間がかかる。いつも時間に追われてましたね。家に帰るのは三日に一回程度。ほとんどトラックで暮らしてる状態です。寝る時間もめちゃくちゃで、仮眠、仮眠の繰り返し。とにかくいつも眠かったって記憶しかありません。これはどの会社のドライバーも同じじゃないですか？」

結局三年弱で退職。地元の福島で仕事を探すがなかなか見つからない。一度は運転代行の仕事に就いたものの、歩合制のため、生活は行き詰ってしまう。そこで安西さんは派遣会社に登録し、隣県にある精密機械工場で働くことにした。

「家から通えないんで寮に入りました。前から付き合ってた彼女と同棲してたんですけど、二重生活状態で大変でしたね。彼女は高校出てからずっと地元の工場で働いてて、自分より給料良かったです（笑）。最初に派遣された工場は結局、契約満了前に仕事が終わってしまって、愛知県内の自動車工場に行くよう、指示されました。その後も愛知県内を中心に工場を転々としましたよ。彼女とは結婚を考えてたんですけど、どうにもならなくて……自分の借金の問題もあって最後は愛想尽かされちゃいました。本当に悪いことしたなって、今でも後悔でいっぱいですよ」

その後、地元にいる理由がなくなった安西さんは、東京に出て仕事を探すことにする。新聞販売店での住み込みの仕事を半年した後、再び派遣に登録して愛知県の工場へ。

「派遣の仕事はもうコリゴリだったんですけど、ほかに選択肢がありませんでした。派遣に対する扱いがとにかくヒドいんです。正社員⇒期間工⇒派遣っていう序列があって見下されてるから、正社員なんてろくに口利いてくれない。「派遣はどうせ辞めるんだろう」って態度で、仕事の指示さえまともに出してくれないんですよ。工場だけでも一〇カ所以上行ったけど、雰囲気良かったとこなんて一つもありません。入れ替わりが激しくて、派遣どうし知りあう機会もなくて、ホント最悪でしたね」

二〇〇八年に起きたリーマンショックの影響は、当時安西さんが派遣されていたトヨタ系の工場にも顕著にあらわれていた。

「四月の給与明細みたらマイナスになってる。建物の外壁を作ってる工場でしたけど、仕事がほとんど入らない週もあったんで、食費と寮費引いたら赤字になっちゃったんでしょう。工場では次の週のシフトを前もって教えられるものなんですけど、その頃は当日の朝まで仕事が入るかわからないんです。朝支度して寮出ようとすると、「今日は休んでいいですから」って電話かかってくる。正社員優先で仕事割り振って行くから、派遣までまわってこない。もちろん仕事入らなきゃ給料もゼロですからね。そんな状態だから〝派遣切り〟されなくても、自主的に辞めていく人が大勢いましたよ。自分もマイナスになった給与明細見て愕然として辞めたんです」

安西さんは再び上京し、ネットカフェに泊まりながら仕事を探すが見つからない。所持金をすべて使い果たした末、路上で生活するしかなくなったのだ。

†転職を重ねてダンピング

若者ホームレスの半数以上が転職を五回以上経験していることからも、転職回数が非常に多いということができる。

「転職」といっても、正社員の仕事を積みかさね、キャリアアップしていくのとは異なり、製造業派遣や短期バイト等、不安定就労を繰り返していくケースが大半である。職種も仕事内容もバラバラであることが多く、その結果、仕事のスキルを身につけることができない。またバイトや派遣は切れ切れの契約であるため、仕事がない〝空白の期間〟ができてしまう。こうした状況に「就職活動する時に、履歴書に空白ができてしまうのは問題」「転職を繰り返して何のスキルもないからまともな就職は厳しい」と考えている人も多い。

一方、転職についてあまり深く考えず、繰り返しているケースもある。立木守雄さん（三九歳）は、寿司屋正社員⇩レストランホール⇩車部品工場⇩防水関係工務店⇩型枠大工手伝い⇩サッシ関係建材店⇩レストランホール⇩車部品工場⇩製造業派遣と転職を繰り返してきた。いずれも辞めた理由は「もっと違うことがやりたいと思った」「これもまた違うと思った」などと曖昧なものが多い。

安西さんのようにトラックドライバーという明確な目標がある人は少数派で〝別の何か〟を求めて退職してしまう。その後、再就職を目指すが、安定した仕事は簡単に見つからない。転職を繰り返せば繰り返すほど、再就職は困難になり、条件も悪くなり、労働力としてダンピングされていってしまう。

彼らが高校を出た九〇年代半ばには、まだかろうじて仕事はあったのかもしれない。しかしその先の一〇年で経済状況はさらに悪化。地方は疲弊し仕事はなく、雇用の非正規化が進み、派遣などの働き方が主流となっていった。

そんな時代の波に飲み込まれるように、正社員から非正規、派遣、無職……という道を辿り、夢を追いかけた若者たちはホームレスになってしまったのだ。

†過酷な仕事に耐えかねて

仕事を辞めた理由として「過酷な仕事や労働条件」を挙げる人もいる。それは、我慢や忍耐ではどうにもならない、命の危険に晒されるような仕事だったり、奴隷のように劣悪な労働条件である場合も少なくない。

中学卒業後、児童養護施設の紹介でラーメン店に就職し、住み込みで働き始めた太田献さん（三五歳）。しかしそこは想像を絶する過酷な職場だった。

「朝七時に仕込みに入り、夜中の二時まで休憩なく働くこともザラ。店長はヤクザみたいな人で顔や頭を毎日のように殴られて、鼻が曲がってしまいました」と今も鼻筋にうっすら残る傷を見せる太田さん。

表向きは朝八時から夕方五時までの早番と夕方五時から深夜二時までの遅番に分かれていたが、シフトなどないに等しかった。店の人手が足りなければ、夜中でも、店長が部屋の扉を叩いて起こしに来る。睡眠時間は平均三時間。常に寝不足で頭が朦朧としていたという太田さんはある時、意識が飛び、熱湯を扱っていることを忘れ、同僚に大やけどを負わせてしまったこともあった。月給は七万円程度。残業代もほとんど支払われなかったという。

太田さんはその店に六年間勤めた。違法としか言えないような過酷な労働条件のなか、なぜ彼は働き続けたのか？

「働くことは厳しいことだと聞いていたので、これが普通かなと思ってました。何より毎日やり過ごすことに必死だったんで、〝辞める〟とか、そういう選択肢を考える余裕さえなかったんです。頭の中に浮かぶのは〝早く帰って眠りたい〟ってそればかりでしたから」

養護施設に育ち、中学卒業後、一五歳で就職した太田さんはほかの職場など知る由もない。相談できる家族もおらず、友だちの多くはまだ学生だった。太田さんにとっては、その過酷なラーメン店での仕事が唯一知り得る〝仕事〟だったのだ。

そんな太田さんの〝最後〟はあっけなくやって来た。

「一緒に住み込みで働いていた中国人の同僚が突然キレて、寮から出て行ってしまったんです。この人がいなくなったら、自分はその分働かされる、そうしたら自分は本当に死んでしまうと思って……それで逃げ出しました」

寮費や光熱費などを差し引かれ、ほとんど給料を受け取っていなかった太田さんは、そのまま路上へ。その後、キャッチセールス等を経て、建設日雇い労働者として飯場を転々とすることになる。

「どうやって仕事を探すのかわからなかったんで、路上で看板持ちをしている男性に、「仕事ないですか？」って声をかけてみたんです。そうしたら元締めみたいな人を紹介されて、キャッチセールスの仕事をやることになりました。道行く人に声をかけて、映画チケットを売るんです。キャッチでも飯場の仕事でもそうなんですけど、自分、人に強く言い返したり、断わったりできない性格なんで、いつもイジメられてましたね。パシリ（使い走り）やらされたり、お金取られそうになったり……。足下見られちゃうんです。飯場では雑用とか、現場の片付けとかをやりました。まわりはみんな年上ばかりで、二〇歳そこそこの自分はいつもガキ扱い。仕事上必要なことも教えてもらえなくて、現場で危険な目に遭ってケガしたこともありました。もちろん労災なんて下りません。日給のぼったくりもしょっちゅうで、ホントにつらくてたまらなかったですよ」

日給はよくて八〇〇〇円ほどで、宿泊代、食事代等を差し引くと手元に残るのは二〇〇〇円程度。アパートを探そうにも、別の仕事を探そうにも、貯えがないその日暮らしではどうにもならない。飯場の仕事を辞めたい、辞めたいと思いながら、身動きが取れないいま一〇年ほどが経ったある日、太田さんはある決断をする。

「このままいったらずっと危険な建築現場で働かされて死んじゃうんだろうなって。それで飯場の仕事を辞める決意をしました」

蓄えのない太田さんにとってそれはそのまま路上暮らしを意味していた。それから約一年が経つが仕事はまだ見つかっていない。若く体力がある太田さんは、今でも路上にいると手配師から声をかけられるが、飯場に戻る気はないという。

「飯場で働くくらいなら、路上で過ごすほうがずっとましです。それだけは絶対に言えますね」

今度こそ〝普通の仕事〟に就きたいと強い思いを持っているが、心のどこかに過去に対するわだかまりがあるのか、いざ就職活動となるとなかなか体が動かない太田さん。

「個室ビデオ店とか、ネットカフェの受付の仕事をやってみたいです。屋根があるところにいられるし、冬は暖房がきいているでしょう。それだけでいいんですよ。正直言うとほかにどんな仕事があるのか、〝普通の仕事〟ってどんななのか、よくわからなくって……。ハローワークにも行ってみたいけど、自信がないんです。仕事はやりたい。でもいい経験がまったくないから、また同じことになったら嫌だなって、どこか引いちゃうところがあるんでしょうね」

〝成功体験〟というほど大それたものでなくてもいい、ただ普通に仕事をして普通に給料を受け取り、ごくたまにちょっとしたやりがいを感じる——そんな当たり前の仕事体験がない彼が〝普通に働く〟ことは想像以上に難しいことなのだ。

太田さんのように過酷な労働体験を持つ人は実に多い。小田島誠さん（二九歳）は、二四時間連続勤務がある印刷工場や一二時間勤務で早番（〇時〜一二時）と遅番（一二時〜二四時まで）を繰り返す携帯電話工場で働いた経験がある。

「工場は二四時間稼働が普通ですから、時間が不規則なのは仕方ない。でも自分はどうしてもそういうサイクルに慣れることができませんでした」

殴る蹴るといった暴力を日常的に受けていた人もいる。飲食店の厨房で働いていた小田原務さん（三〇歳）は、先輩と口論になり、ナイフで手を刺されたことがある。事故として処理され、表沙汰にはならなかったが、療養を取った後、彼が職場に戻ることはなかった。

とび職見習いだった山本真一さん（二六歳）は、先輩から殴る蹴るの暴力を受けていた。

「現場はスパルタ。鼻血が出るまで殴られて、歯が折れかかったこともある。そうやって礼儀を教えてやっているんだって言われてました」

†身も心もボロボロになって

過酷な仕事や労働条件に加え、職場でのイジメや人間関係上のトラブルから仕事を辞めざるを得なかったという人も少なくない。「聞き取り調査」で職場での人間関係について聞いたところ、二割以上がイジメやトラブルに巻き込まれたことがあると答えている。

中野良介さん（二七歳）は、職場でのイジメが原因でうつになり、働くことができなくなった。

子どものころからイジメられやすい性格で、学校では激しいイジメに遭ってきたと話す中野さん。

「燃えてる焼却炉から本を取れって脅されたり、教科書や私物を隠されたりしましたね。先生も一緒になってやるんですよ。同級生に背中を押されて事故に遭って入院したこともあります。だから仲の良い友だちなんていませんよ。ほとんど全員〝敵〟でしたから」

その後、地元の国立大学に入学し情報処理技術を学んだ中野さんは、関西にあるソフトウェア会社に正社員として就職した。

「ある会社のグループ会社で、従業員三〇〇人くらいのところです。給料は月二〇万くらい。借り上げのアパートがあってそこに暮らしました」

ところが入社してしばらくすると先輩から中野さんに対するイジメが始まった。

「お酒を飲めない、煙草を吸わないっていうのがダメらしいんです。歓迎会があったんですけど僕は体質的に全然お酒が飲めなくて泣いて帰りました。その後から先輩に目を付けられるようになって……嫌がらせが始まったんです。何日もかけて完成させたプログラムを勝手にデリートされたり、パソコンのデータを消されたりしました。同じ課の先輩なんですよ。議事録作成を頼まれた時も、わざとデータを違えて書くように強要されたんで、「なんで捏造するんですか」って反発したら「クビにするぞ」って脅されました」

生真面目で人間関係に苦手意識がある中野さんは、誰にも相談できないまま、どんどん自分の殻に閉じこもっていった。委縮するあまりミスを繰り返す中野さんを周囲は冷ややかな目で見つめていたという。

「プログラミングの仕事自体は楽しくて、一生懸命頑張ってたんですけど、仕様通りやっても「全然違うだろ、馬鹿野郎」って怒鳴られる。でもどこが間違ってるのか、どう直せばいいのか誰も教えてくれない。罵倒されるだけなんです」

そんな状態が半年ほど続いたある日、中野さんは体の異変に気づく。

「朝起きても体がどうにも動かなくなって、社内のクリニックに行ったら、うつ病と診断されました。そのクリニックでカウンセリングを受けるようになったんです」

二週間に一度だったクリニック通いが週一日、週二日と増えていき、仕事もままならなくなっていった。ストレスが原因で腸閉塞にまでなったという中野さん。

「まさに会社側の思うつぼですよね。仕事をどんどん減らされて、それでもまだ最初の二年はプログラミングの仕事があったんです。でも最後の一年半は事務的な仕事しか与えられませんでした。辞めたいと思ったけど、でも、他の課に異動するチャンスがあるはずだと思って居続けたんです。けど、無理でしたね」

中野さんは、入社して三年半が経ったある日、会社側から退職を迫られることになる。

「退職届を書かないなら、勤務怠慢で懲戒解雇にするって言い渡されました。勤務時間中に会社のお金でクリニックに通ってることとかいろいろ言われて……。もちろんそれは違法ではないんですが、同僚たちには許せなかったんでしょうね。もうどうでもよくなっちゃって、退職届書いたんです。二五歳の時でした」

退職後、アパートを借り、貯金を切り崩しながら引きこもり生活を送った中野さん。家から出る気力がなく、失業保険の手続きに行かれないまま、期限が切れてしまったという。半年で蓄えが底をついたため、中野さんは日雇い派遣に登録し、パソコンのインストール作業や家電リサイクル工場での分解作業などをして約一年ほどを食いつなぐ。しかし派遣登録をしていたグッドウィルが偽装請負の問題で廃業に追い込まれ、中野さんも職を失ってしまう。

「ほかの派遣会社に登録したんですが、人が殺到したんでしょうね、仕事が週一日しか入らないような状態になってアパートを出ざるを得なくなったんです。家賃は前から何度か滞納してたんで仕方なかった。その後、ウィークリーマンションに入りましたが、そこも結局払えなくて、今は路上です」

中野さんはサラリーマン時代に作った借金を今も背負っている。

「入社一年目に一枚二二〇万円の絵を買っちゃったんです。会社でのストレスがひどかったころで……道端で声かけられてすんなり騙されちゃった。ローン組まされて月々の返済になってるんですけど、今はどうなっているのかわかりません」

　大学で学んだプログラミングなどの技術を生かし、専門職に就いた中野さん。彼の実務能力は決して低くないと思われるが、人間関係をうまく処理できず、会社を辞めざるを得なくなり、最終的に社会から疎外されてしまったのだ。

　ほかにも職場でのイジメや人間関係のトラブルが引き金となり、仕事を追われた人がいる。

　柳谷修一さん（三八歳）は、中学卒業後に上京し、ガス工事会社で二〇年近く働いてきた。阪神淡路大震災や新潟中越沖地震の時は現地に赴き、緊急工事を行うなど、さまざまな経験を積んできたが、四カ月前、無断欠勤したことを理由に解雇されてしまう。すべての問題は半年前にやって来た新しい親方だった。

「それまで一緒にやっていた親方が辞めて自分よりずっと年齢の若い親方が来たんです。その親方にとっては年上の俺が邪魔だったんでしょうね。仕事のやり方にいちいちケチつけられて、「お前なんていらねぇ」って毎日のように罵倒されて、嫌気がさしていたんです。ある日、無断欠勤したらそれを理由にあっさりクビになって寮を追い出されました。まんまと嵌められたんです、向こうはチャンスを狙っていたんでしょう」

二〇年以上勤めてきたのだから、失業保険や退職金などの権利があるはずだが、どうなっているのかさっぱりわからない。

「すべてあいつ（新しい親方）に握られているからどうしようもない。頭下げて手当をもらう気などさらさらない」と柳谷さんは言い放つ。社員寮住まいで貯金もほとんどなかった柳谷さんは、路上に出ざるを得なくなったのだ。

†派遣解禁の功罪

正社員などある程度安定した仕事に就いていた若者が、退職と同時に即路上へ行くというケースはほとんどなく、大半の場合、安定した仕事を辞めた後、期間社員、アルバイト、派遣といった不安定な仕事を経て、路上へ出ていることが明らかになった。

つまり安定した就労が継続的に得られていたなら、彼らの大半は住居を失うことはなかったわけで、アルバイトや派遣社員といった不安定な働き方こそが彼らをホームレスへ追いやったということができる。

最近、貧困層をターゲットに利益を貪る〝貧困ビジネス〟の実態が明るみに出ているが、製造業派遣などに代表される不安定な仕事も若者ホームレスを生み出す装置として機能している可能性がある。そうしたホームレスを生み出す原因の一端となっている不安定な働き方について、若者ホームレスたちの仕事歴をたどりながら検証していきたい。

若者ホームレスのなかには、製造業派遣や日雇い派遣など、派遣として働いた経験がある人が非常に多い。「聞き取り調査」では、実に七割近い若者ホームレスが派遣社員の経験があることがわかった。

また「派遣の経験がある」と答えた人の七割以上が製造業派遣に登録し、働いたことがあると答えている。これは全体の四八％を占めることから、「聞き取り調査」を行った若者ホームレスの二人に一人が製造業派遣に登録し、工場などに勤めた経験があるということになる。

彼らは派遣会社と三カ月や六カ月など、一定期間の契約を結ぶが、工場や派遣会社の都合で複数の工場を転々とさせられるケースが非常に多い。なかには「あまりにたくさんの工場をたらい回しにされたため、全部は思い出せない」と答える人もいる。

内装業を経て、二〇〇七年から製造業派遣で働き始めた中島勉さん（三七歳）は、二〇〇八年の一年間だけで工場を五回も移動させられたと話す。派遣されたのは、パチンコ台を作る工場や車の部品工場など多種多様だ。

「やっと手順を覚えたと思ったら、次、また次。同僚の顔と名前が一致したら移動ですからね。それでも仕事があっただけマシでした。二〇〇八年年末から年明けにかけてまったく仕事がなくなって……。工場に出かけて行っても朝から食堂で待機。ただひたすら待っているしかない日が何日も続きました。工場待機が自宅待機に変わり、給料は激減しついに家賃が払えなくなったんです」

中島さんは、工場の寮には入らず、自宅アパートから通勤していたが、仕事がなくなり、家賃の支払いが滞ってしまったため、アパートを出ざるを得なくなった。

宮城県出身の川西太郎さん（三六歳）は派遣社員としてこれまでさまざまな工場で働いてきた。川西さんは高校卒業後、農産物加工工場の正社員となるが、単調なライン作業に飽き、半年で辞めてしまう。その後、事務系正社員の仕事を探すが、地元に職は見つからない。仕方なく警備員、原子力発電所作業員等を経て、工場近くにある派遣社員としてさまざまな工場での働き始める。いずれも自宅からは通えないため、工場近くにある派遣会社の寮に入っての仕事だった。川西さんがこれまで経験した仕事は次のとおり。

① 宮城県A市　自動車部品工場（二ヵ月）。鉄で固めた部品を金槌で叩き成形する作業。
生産終了で別会社へ移動。

②宮城県B市　家電製品工場（一ヵ月）。テレビのブラウン管の機械清掃業務。派遣会社の都合で終了。
③宮城県C市　アイスクリーム工場（一ヵ月）。アイスクリームの袋詰、段ボール梱包、出荷など。生産終了で別工場へ移動。
④宮城県D市　自動車工場（二ヵ月）。自動車部品のクリーニング作業。二ヵ月で打ち切り。

いずれの仕事も数ヵ月で打ち切りや作業終了となったため、その派遣会社を辞め、地元に帰ることにした川西さん。二ヵ月ほど就職活動をするが、地元に就職口はなく、また雑誌で見つけた派遣会社へ登録し、仕事を始めることにしたという。

⑤山形県E市　半導体工場（六ヵ月）半導体検査作業。ピンセットで行う、細かい作業。派遣会社の都合で別工場へ。
⑥埼玉県F市　電化製品工場（一ヵ月）カーテレビ、小型テレビの検査作業。ラインのスピードについて行かれず、別工場への移動を希望。
⑦埼玉県G市　自動車部品工場（三ヵ月）カーエアコン製造のライン。人間関係がうまく行かず、寮を飛び出す。

「どの仕事も最初は六ヵ月契約といわれるんですが、実際は違う。工場の都合であっちこっち転々とさせられました。一番苦しかったのは人間関係。正社員、期間工、派遣って序列がはっきりしてて、仕事内容はほとんど変わらないのに、派遣というだけで下に見られてバカにされる。いつもすごい疎外感がありました。最後の工場ではガマンできなくなって、夜逃げ同然で飛び出しちゃったんです。リーダーと呼ばれる係長が最悪で自分が何を言っても完全無視される。貯金なかったんで、寮出たらホームレスだって思ってガマンにガマンを重ねたけど耐えられなくなったんです」

同じく派遣社員として製菓工場に三年ほど勤めたという山本徹さん（二七歳）は次のように話す。

「派遣の世界は弱肉強食なんです。自分の持ち場を与えられたら「ちゃんとできます」って強くアピールしないとほかの派遣に取られちゃう。工場でも作業によって死にそうにキツイものと比較的楽なものがある。立場が弱いとキツイ作業にまわされたり、いろんな持ち場をグルグル回されちゃうから、仕事が覚えられなくてヘマするっていう悪循環に陥るんです」

製造業への派遣が公に認められるようになったのは、二〇〇三年の派遣法改正以降のことである。しかし実際にはそれ以前から登録型派遣として工場等への派遣が行われていたことが、若者ホームレスたちの話からもうかがえる。さらに二〇〇三年、製造業派遣の合法化は、派遣社員急増に拍車をかけた。一九九九年に一〇〇万人前後だった派遣社員の数は、二〇〇六年には約三倍の三〇〇万人にまで増加したという厚生労働省のデータもある。

寮完備という製造業派遣のシステムは、一人暮らしの若者や地方に暮らす若者にとって便利なものであり、また全国から人を集める派遣会社にとっても都合がよく、二四時間フル稼働で夜勤がある工場にとっても欠かせないものである。

しかし派遣という働き方は非常に不安定であり、いつ仕事を失うかわからない。入寮者にとっては失業＝住居喪失となる。これまで見てきたように当座の資金がなく、いざという時、帰れる実家がない若者は失業と同時にホームレス状態に陥ってしまうのだ。また派遣での仕事は、短期かつ細切れである場合が多く、キャリアを身につけることができないことも指摘しておく必要がある。

前に正社員 ⇓ アルバイト ⇓ 製造業派遣 ⇓ 日雇い派遣……というように、労働者としてダンピングされていく構図を示したが、製造業派遣はホームレスへと転落していく通過点となっており、派遣という働き方はホームレスを生み出す大きな要因の一つであるといっても過言ではないだろう。

†警備員・新聞販売店・水商売

製造業派遣や日雇い派遣以外にも、若者ホームレスの多くが共通して経験してきた仕事がいくつかある。

警備関係の仕事もその一つだ。全国的に募集があること、給料が週払いで支払われるため、生活がギリギリの人が働きやすいことなどが理由として考えられる。しかし概して仕事はきつく、長く続けていくことは簡単ではないようだ。

自衛官だった植田勝之さん（三七歳）は、除隊後、警備会社の正社員として職を得る。

「日勤（八時〜一七時）と夜勤（二二時〜翌朝六時）とに分かれていたんですが、人が足りないと正社員がカバーしてその穴を埋めないといけないんです。常に人手不足状態だったんで、日勤が終わると車で数時間仮眠をとって夜勤に入るってことが日常茶飯事でした。さすがにこのまま行くと体壊すなと思って、会社に頼んで正社員からバイトに変えてもらいました」

バイトとして七年ほど勤めるが、その警備会社は倒産してしまう。バイト扱いで雇用保険等に入っていなかった植田さんは路頭に迷ってしまったのだという。

ガードマンのバイトをしていた小向直さん（三三歳）も日勤、夜勤の連続勤務に体がボロボロになったと振り返る。

「仕事は単調なんですが、立ちっぱなしだし、ロクに寝てないから体がとにかくきつい。道路誘導では、ガードマンを路上に置いてある〝モノ〟みたいに扱うドライバーが多くて、何度も引かれそうになりましたよ」

やはり若者ホームレスの多くが経験している仕事に新聞販売員がある（「聞き取り調査」の一二％、六人）。しかし、新聞販売店での仕事は厳しく、継続して働くことは容易ではない。新聞奨学生になって定時制高校に通うことにした山本徹（二七歳）さんや、大学入学の資金を稼ぐため、新聞販売店に入った高村元さん（三九歳）は、毎日の仕事が忙しく、ほんの数カ月で進学や通学という目標をあきらめている。

また、派遣切り等で仕事と住まいを失った人が、住み込みで働ける新聞販売店へ就職するケースも多い。

「新聞販売店はどこも人手不足だからなのか、身分証チェックとかもなく、すんなり入ることができたんです。店の上に寮があるから住む場所に困らないことが一番助かりました」と話すのは、派遣切りに遭った後、しばらく新聞販売店に勤めていた安西豊さん（三七歳）。

田中治さん（三九歳）は、新聞販売店に一〇年近く勤務していたが一年前、体力の限界を感じて退職し、ホームレスとなった。

夜中の二時から朝刊準備を始め、配達。朝六時ごろ終了して仮眠を取り、一一時頃から営業、集金にまわった後、夕刊配達。再び営業、集金をした後、夜八時頃寮に帰って朝刊準備まで仮眠を取る——といったスケジュールだったという。

「体が慣れるとそんなに大変ではないんです。一番つらいのは休めないこと。高熱出しても自分が配らないと担当エリアに新聞が届かないことになっちゃうから、這ってでも届けなきゃいけない」

田中さんは新聞販売店の二階に寝泊まりしていた。部屋は簡単な仕切りで分けられているが、トイレと風呂は共同だ。

「トイレや風呂はいつも奪い合い。人間関係は最悪でしたね。学生が多い販売店で自分はかなり浮いてたと思います。社長には体力的にキツイんで辞めたいと言ったんですが、後任が決まるまでと引き留められて、なかなか辞めさせてもらえなくて……。辞めることに必死だったんで、その先の仕事は考えていなかったんです。体力的にクタクタだったんで、しばらく休みたいなと思ってました」

田中さんは約一〇年勤めたにもかかわらず、退職金も雇用保険も、一切受け取ることができなかった。

にわかには信じられない話だが、かつて新聞販売店で住み込みで働いていた村澤潤平さん（新聞奨学生SOSネットワーク）は次のように話す。

「新聞販売店といっても個人商店のようなものなので、待遇や労働条件は大きく異なります。〝正社員〟であっても失業保険や社会保険に一切加盟していない店もある。一月二日の正月休み以外、完全な休みが取れない、事故に遭っても労災がおりないという話も耳にします」

そんな劣悪な労働条件でも、新聞販売店は、仕事も住居も当座の生活費を持たない人たちにとって、すぐに住み込みで働くことができる数少ない場所になっていることもまた事実である。

同じく仕事や住居の安定を失った人が働きやすいのが、水商売だ。寮がセットになっていること、身元確認等が厳しくないことから、ホスト、キャバクラのボーイ、風俗店など、水商売で働いた経験がある人が八人（一六％）いた。

「実家を追い出され、路上で行き倒れしそうになっていた時、風俗の仕事を見つけた。飯場などに比べれば、条件は悪くなく、まじめに働いていたらチーフを任されるまでになった」（久保田泰彦さん、三四歳）という声や、「ホストクラブでは、身分証や住所がなくても、簡単に雇ってもらえるので助かった」（鈴木彰さん、二八歳）という声がある。

一方で失業後の保障が何もないことや、「別の仕事に就きたくても、職歴として履歴書に記載するわけにはいかないので困る」（古池浩二さん、三七歳）など、問題も少なくない。

†飯場

若者ホームレスの多くが経験しているのが、建設日雇い労働、いわゆる飯場での仕事だ。「聞き取り調査」では、約二・五人に一人（三六％）が、飯場で働いた経験があると答えている。路上にいると、飯場の仕事を斡旋する手配師から仕事を紹介されることが少なくない。とくに若者ホームレスの場合、体力を見込まれるのか、頻繁に声をかけられるという。飯場にもよるが、まともな条件で働けるところはほとんどない。

飯場での契約は一〇日、一五日、三〇日程度で、簡易宿泊所である飯場に寝泊まりしながら、近接する建設現場で働く。給与は日当で計算されるが、契約期間が満了するまで支払われない。飯場の宿泊費や食事代、光熱費などは給料から天引きされる上、天候等を理由に待機となる場合は、日当も支払われないため、差し引き残高ゼロ、ひどい場合はマイナスになることもあるという。

手配師に誘われるまま飯場に入ったものの、仕事がなく〝前借り〟という名の借金ばかりが増えていくことに不安を覚えた島田正彦さん（二九歳）は、夜中に宿舎を抜け出し、飯場のあった木更津から新宿まで徒歩で逃げたという。他にも飯場から路上へ身一つで逃げ出したという話を数多く耳にした。

種田次郎さん（二二歳）は契約が満了する三〇日目に「親会社が倒産したので払えない」と給料を全額踏み倒された。

「飯場があった千葉の四街道から東京に行く交通費が支払われただけでした。あり得なかったけど、倒産したからどうにもならないの一点張り。だから二度と飯場はゴメンです」

飯場での待遇はさまざま。一人部屋のところもあれば、一〇人くらいが一部屋に雑魚寝するような飯場もあるようだ。

「南京虫だらけの三畳の汚い部屋に三人詰め込まれたこともあります。さすがにその時は耐えきれなくて逃げ出しましたけどね。俺らを人間と思ってない親方も多くて、ケガしようが、倒れようが、ほったらかしですよ。三〇日契約で働いても三万円くらいしか手元に残らないのが普通でしょう。飯場は契約が満了しないと給料もらえないんですよ。だから契約満了近くなるとわざと大変な仕事を割り振って、逃げ出すように仕向ける親方もいましたよ」と話すのは、実家を飛び出してから二年、さまざまな飯場を経験してきた北川明さん（三五歳）。

路上で手配師から声をかけられ飯場に入った夏目務さん（三六歳）も、飯場を転々としてきた。

「いわゆるタコ部屋ってやつですよ。日当は寮費、光熱費等を差し引いて四〇〇〇円。契約が終わるまで支払われないから、昼間の弁当代とかタバコ代とか、前借りするしかない。ところがこの前借りに利息が五割つくんです。四〇〇〇円×三〇日で一二万もらえる計算だけど、天候とか、工事の進み具合で休みになるから、よくて月八万くらいにしかならない。月五万くらい前借りするから利息含めて七万五〇〇〇円の借金になっちゃって、全部差し引くとほとんど手元に残らないんですよ。油断して前借りしすぎると借金がどんどん積み重なって、抜けられなくなります」

いつまでも年季の明けない〝タコ部屋地獄〟に陥った夏目さんは二年ほど、飯場を転々とした後、路上へ逃げ出した。飯場で得られる給与だけでは、アパート等の住居を構えることができないため、飯場を渡り歩くか、路上生活を送るかの選択肢しかない。

飯場での仕事は過酷だ。屋外での肉体労働に慣れていなければ、ついていくのは容易なことではないという。

「炎天下のなか、朝から晩まで穴掘りばっかりさせられて倒れたことがあります。とにかくきつくて、体中泥だらけになるし……耐えられませんでした」（神田亘さん、二八歳）、「原子力発電所で働かされました。解体だったんですけど、放射線がヤバイらしいって他の作業員から聞いて、怖くなったんで逃げました」（秋川修次さん、三三歳）などの声もある。

飯場の事情に詳しい若手労働社会学者の渡辺拓也さんは、研究のため、一〇〇日ほど労働者として飯場に入った経験がある。

「飯場での労働条件は地域などで大きく異なります。釜ヶ崎などの寄せ場には組合などがあるので、ルールはある程度守られていると思いますが、寄せ場がない地域だと劣悪なケースは非常に多く存在するでしょうね。特にリーマンショック後の仕事が激減している状況のなかで、飯場の労働条件が悪化し、無法状態になっているという話をよく耳にします」

高度成長期を支えた建設労働者らが集った大阪・釜ヶ崎や東京・山谷などの寄せ場には今でも低価格で泊まれるドヤがあり、日雇いの仕事を斡旋する職業安定所などもある。寄せ場や飯場は、派遣切り等で仕事と家を失った若者たちが路上ギリギリのところで踏みとどまる、最後の砦として機能する可能性はあるのだろうか？

「寄せ場や飯場に若い人が増えているという話はあまり聞かないですね。飯場に入る若い人はいますが、なかなか長続きしません。飯場での仕事は〝手元〟といってトビ職の下働きで、片付けとか雑用などがほとんど。まさに3K、キツイ、汚い、危険な仕事です。誰かがマンツーマンで教えてくれることはありませんから、他の人の動きを見て覚えていかなければならない。派遣される現場や仕事内容は日々変わりますから、状況を察知して、機転を利かせることが求められる。自分から積極的にコミュニケーションをとって仕事のやり方を学ばないとお荷物になって、仕事を回してもらえなかったり、邪険に扱われたりします。宿舎での集団生活も若い人にとってはキツイでしょうね。僕の場合は、研究という目的があったし、帰る場所があったから、耐えられたのかもしれませんが、不衛生な宿舎を見ただけで、逃げ出したくなる若い人たちの気持ちがわからないでもありません」と渡辺さん。

仕事と家を失った若者たちが、かつての建設労働者のように寄せ場を起点に生き抜いていく可能性は非常に低いことが予想される。建設の世界をまったく知らず、寄せ場に入ってきた若者たちと、そんな彼らに戸惑う寄せ場の住人たち——うまくいかないのも当然かもしれない。

「今、寄せ場はどんどん縮小しています。手配師を経由する仕事も激減している。そんななか、路上ギリギリの若者達を吸収する余力を飯場自体持っていないと感じています」（渡辺さん）

†自衛隊出身ホームレス

若者ホームレスのなかにはさまざまな職業を経験している人がいるが、意外に多かったのが自衛隊経験者だ。「聞き取り調査」でも、一〇％（五人）が自衛官の経験があると答えている。うち一人は入隊してすぐ「訓練について行かれない」と辞めているが、残り四人は陸上自衛隊、一人は海上自衛隊に属していた。本人の希望というより、家族や身内に自衛官がおり、勧められたという人が多いようだ。いずれにせよ、公務員である自衛官はホームレスとは無縁のように思えるが、なぜ彼らは自衛隊を辞め、ホームレスになったのだろう？

東北の漁村で生まれ育った夏目務さん（三六歳）は、定時制高校を卒業後、海上自衛隊に入隊した。

「制服を着た自衛官がお祭りに来ていて、若者に声をかけていたんです。地元に仕事がないことはわかっていたんでいいかなと思って決めました」

定時制高校時代、冠婚葬祭場の厨房で働いていた夏目さんは、その経験を生かし、船での調理を担当することになった。

「数カ月船に乗り組み、日本中をまわるんです。仕事はやりがいがあった。限られた材料で変化ある食事を作るにはどうすればいいかとか、あれこれメニューを考えるのがおもしろかったですね」

夏目さんは船での仕事を約一二年経験した後、除隊した。理由は昇進試験に受からなかったからだという。

「自衛隊は任期制なんです。上に上がって任期なしの自衛官になるには、試験を受けなきゃいけないんですけど、何度受けても受からない。筆記は通っても面接でダメなんです。三五歳になると転職も厳しくなるって聞いたんで、自衛隊はもう無理だなとあきらめて任期切れになった時、辞めました」

自衛隊には再就職を支援する制度があり、勤務時間中に就職活動をすることも許されていたが、船上での仕事がほとんどだった夏目さんはそれを利用する間もなく除隊せざるを得なかった。実家に戻り、経験を生かせる調理関係の仕事を探すがなかなか見つからない。

「うちの田舎には飲食店自体ほとんどないから仕方ないんですよね。除隊して気がゆるんじゃって、せっかくの満期金と退職金をパチンコにつぎ込んだらあっという間になくなってしまいました」

その後、実家を出て仙台へ行き、居酒屋の調理場で働くが、給料不払いなどがあり、三カ月で退職。ネットカフェに泊まりながら仕事を探すも見つからず、やむなく路上に出ることになったという。

植田勝之さん（三七歳）も陸上自衛隊に所属していたが、やはり試験に合格できず、除隊した。

「自分の後輩にどんどん階級を追い越されていくので居づらくなったんです」

植田さんはホームレス状態になった後も、予備自衛官として登録するほど熱心だったが、自衛隊の中で、キャリアを積むことはできなかった。自衛官とはいえ、必ずしも安定した仕事とは限らず、再就職があるわけではないのだ。

†働かない、働けないホームレス

ここまで若者ホームレスたちの仕事経験やホームレスに至った経緯についてみてきた。学校卒業あるいは中退後、正社員として就職したにもかかわらず、自主退職、リストラ等によって仕事を辞め、転職を繰り返すうちに不安定な仕事しか得られなくなっていく――。〝ホームレス〟というイメージとは裏腹に身も心もボロボロになるまで、必死になって働いてきた人が少なくないこともわかった。

いずれにせよ、彼らは何らかの仕事経験があり、年齢も若いため、再び仕事を見つけ、自立することも不可能ではないように思われる。

彼らに働く意欲や将来について尋ねると「いつかは自立したい」と答える人が多い。しかし具体的な見通しはまったく立っていないのが現状だ。

実際にハローワークなどに行き、求職活動をしている人は二割程度。残りは「いつか働いて自立したい」と思いながら、具体的な行動には踏み出せてはいない。病気等の理由で働くことが困難な人ももちろんいるが、年齢も若く、体調に問題はない人たちも大勢いる。しかし、路上を抜け出すため、積極的に動いている人はほとんどいないのだ。

ホームレスという過酷な状態にありながら、彼らはなぜ働かないのか？　働けないのか？

†携帯電話がないということ

家具工場の正社員、警備員アルバイト、製造業派遣、飯場等を経て路上に出た安倍川睦さん（三三歳）。安倍川さんは新宿駅付近に寝泊まりしながら、ハローワークに通い、熱心に求職活動を続けていた。

「飯場と路上を繰り返すような生活を送っていたんですが、飯場での仕事がとにかくひどい。いい加減、足を洗いたいと思ってそれでハローワークに行きました。できれば介護ヘルパーとか、手に職がつけられるような仕事をしたいと考えていたんです」

ハローワークの職員はそんな安倍川さんを励まし、職探しを手伝ってくれたという。いきなり介護の仕事を見つけることはできなかったが、前職の経験などから警備の仕事を紹介され、採用が決まった安倍川さん。

「警備員を続けながらその合間に介護の勉強をすることもできると思いました。ところが入社するための書類を提出する際、身分証明書が必要なことがわかったんです。警備の仕事は犯罪に関わることもあるので、身元がしっかりしていないといけないということで、ほかにも住民票と保証人がいると言われました。それで結局ダメになってしまったんです」

入社目前で再び振り出しに戻ってしまった安倍川さん。それでも彼はあきらめず、ハローワーク通いを続け、土木関係の仕事を手に入れたのだが……。

「会社の所在地は都内なんですけど、作業現場は秩父だったんです。新宿の寝場所から通うことにしたんですが、交通費が馬鹿にならない。日払いでもらえるのかと思ったら、週払いだっていうんですね。入っていきなり前借りなんて頼めないですからね。ほかにも作業服の保障金なんかがかかるんで三日でスッカラカンになってしまって……。それで諦めました」

交通費が支払えないことをなぜ会社側に言えなかったのか。しかし無口で人に頼ることが苦手な安倍川さんにはそれができなかった。

「それくらいのお金が払えないなんてみっともなくて言えなかったですよ。こういう状態なのは全部自分のせいなわけで、「ああ、やっぱりダメか」ってそれだけでしたね。家がない、住所がない、身分証がない、所持金がない、保証人がいない……ないないづくしの状態で就職なんて、そもそも無理だったよなって思いました」

それ以来、安倍川さんは仕事を探すことをやめてしまった。実際、ホームレス状態からの就職となると寮付きや住み込みなどが必須条件になってくる。また当座の生活費がないため、日払いなど、すぐ給与を得られる仕事でないと厳しいのが現実だ。

「聞き取り調査」で、就職活動ができない具体的理由を聞いたところ、「住所がない」「携帯電話がない」「身分証明書がない」「保証人がいない」「就活用の衣類がない」「交通費がない」などの回答が挙げられた。

「携帯電話がない」という回答が多かったことも特徴的だ。若者ホームレスの多くが経験している日雇い派遣の場合、連絡は携帯メール中心に行われるため、携帯電話を所持していなければ、仕事を得ることができない。また就職活動をする場合でも、面接の連絡や合否通知等を行える連絡先＝携帯電話がなければ、先に進むことは困難だろう。携帯電話などいつでも簡単にもてると思われがちだが、身分証がなければ作ることはできない。若者ホームレスの大半は、身分証となる保険証や免許証を所持していないあるいは失効しているため、携帯電話を持つことにさえ困難はつきまとう。

派遣切りに遭った後、ネットカフェに泊まりながら日雇い派遣やスポット派遣で食いつないできた山口賢さん（二五歳）は「ケータイを盗まれた」ことを機にホームレスになってしまったという。

「今の時代、ケータイがないと本当に何もできないんだってことがよくわかりましたよ。ネットカフェで求人は見られても、連絡先がなくちゃどうしようもないですからね。自分もハローワークで求人見つけて応募しかけたんですけど、受付の人に「連絡先は？」って聞かれて詰まっちゃいました。住民票はそのままにしてあるんで住所は何とかなるんですけど、ケータイなくちゃ、話にならない。今は住まいより何よりまずケータイを持つことが先ですね」

交通費、携帯電話、就活用の衣服……ほんの些細なことが大きな壁となり、若者ホームレスを就職から遠ざけている場合もあるようだ。

†年齢、経験のハードル

前述のように、路上にいるだけでさまざまな不利や不便が伴うため、ハウジングファースト＝住居確保を優先した上で就職先を探すことが望ましいだろう。しかし、生活保護などを受給し、就職活動を行えるよう、態勢を整えても、希望する仕事は簡単に見つからない、厳しい現実がある。

現在、生活保護を受給しながら仕事を探している中島勉さん（三七歳）。生真面目な性格の中島さんは週に何度もハローワークに通い、積極的に仕事を探しているが、三ヵ月経った現在も仕事は見つかっていない。

群馬県出身の中島さんは高校卒業後、家業を手伝うところから仕事を始め、二〇年近く内装業に従事してきた。

「学生時代から父親の仕事の手伝いをしていて、自分に合ってるなと思ったんです。私が高校を卒業した頃は、バブルの終わりころで求人もまだ豊富にありましたけれど、家業を手伝うことに迷いはなかったです」

中島さんは父親の下で、内装関係、防水関係の技術を積み重ねていった。

「クロス、壁紙、カーテン、カーペット、ストーンタイルまで何でも引き受けました。住宅だけでなく、学校、病院までいろいろな建物をやりましたね。いずれは父親の跡を継いでやっていくんだろうと当然のように思っていたんです」

ところが、中島さんが仕事を始めて一一年目に、経理を担当していた母親が事業資金を使い込んだ上、借金を積み重ねていたことが発覚。両親は離婚し、家業は倒産に追い込まれた。そのころ中島さんには婚約中の女性がいたが、その婚約も白紙になってしまったという。

その後、中島さんは同じく内装業を営んでいた仕事仲間のもとで働き始める。しかし五年後にその会社が閉鎖されることになり、再び仕事を失ってしまう。独立も考えたが、経済的な理由で断念した。

「内装業は年々、状況が厳しくなっています。よくて孫請けですからね、単価の叩き合いになっちゃって……。内装の仕事って、経費がものすごくかかるんです。材料調達もすべて自腹ですから、運転資金がかなり必要になるんです。仕事の数が減っているので、関東一円を営業範囲にしないとやっていけない。そうなるとガソリン代、高速代だけでも結構な額になってしまうんですよ」

高校時代のバイトを含め、二〇年近く内装業に携わり、キャリアを築いてきた中島さんだったが、これ以上、続けることは困難と判断し、製造業に転換する決意をする。三五歳を目前に控えた中島さんには焦りもあった。

「三五歳過ぎると転職は無理だと聞いていたので、内装業を諦めるなら早いほうがいいと思ったんです。私が住んでいた群馬、栃木エリアは工場がたくさんあったので、製造業派遣に登録し、自宅から通える工場で働くことになりました。「社員登用あり」とあったので、経験を積んでいずれは移行したいと思っていたんです」

二〇〇七年に派遣登録し、パチンコ台の製造工場で働き始めたが、ようやく手順を覚えたと思ったころには、派遣会社の都合で別の工場へ移動させられたという中島さん。二〇〇八年から二〇〇九年にかけて状況は悪化し、正社員登用はおろか、経験を積むどころではなくなっていた。

「だからもう派遣は絶対に嫌なんです。工場できちんと経験を積み上げたいという目標があるので、製造業の正社員の募集を狙っているんですが、リーマンショック以降、製造業の求人自体が激減していて、二－三人の枠に一〇倍以上の人が殺到しているような状況です。資格をいくつも持っている人も落ちているとかで……自分の場合、年齢もありますから、厳しいんでしょうね」

就職活動を始めて三カ月の間で中島さんは三〇社近くの会社に応募したが、面接に進めたのは四、五社のみ。ハローワークの職員から、求人が多い介護や飲食業などのサービス業に目を向けてはどうかと言われたが到底やって行ける自信がないので断ったという中島さん。

「サービス業はダメなんです。高校時代の夏休み、旅館でバイトやったんですが、お客さんへの応対がまるでできなくて怒鳴られどおしでした。私は人相手は得意ではないですが、モノを作ったり、一つの作業を黙々と続けることはできると思っています。そういう方向で仕事が見つかるといいんですけどね」

最近、食欲がなく、体重が減ってしまったという中島さん。

「朝起きた瞬間、ああ自分はどこにも行くところがないんだ、誰からも必要とされていないんだって考えるとすごくヘコみます。人生の張り合いがまるで感じられない。最近は部屋に閉じこもってばっかりです。一日も早くこの状態を抜け出したい、気持ちばっかり焦って空回りしてしまいます」

あくまでも製造業の正社員にこだわる中島さんに対し、ハローワーク職員の勧めに従い、介護の仕事に就いた人もいる。自衛隊を経て、警備の仕事を続けてきたが、会社の倒産を機に仕事と住まいを失ってしまった植田勝之さん（三七歳）。自立支援センターに入所して就職先を探したが仕事はなかなか決まらない。そんな時、勧められたのが実習付き介護の仕事だった。

「何の資格もなかったんですが、現場で実習を受けながら学べると聞いたんで思い切って飛び込んでみたんです。ところが実際現場に行ったら人手不足で、実習どころじゃない。いきなりオムツ交換するように言われてパニックになっちゃって……。誰かに教えてもらおうにも、皆走りまわってて、手が空いている人が一人もいないような状態。結局、一週間ほどで挫折しちゃいました」

植田さんに非がないわけではない。しかし、これまで経験のない職種に転換する場合、事前訓練や現場でのフォローがなければ、定着は難しいことは容易に想像できる。就職希望者と受け入れ側のせっかくの出会いが無駄に終わってしまうのではもったいない。

逼迫した労働市場や産業構造の転換、雇用の外部化等によって、もはや成り立たなくなっている仕事、職種がある。内装のベテランだった中島さんは、腕を生かした仕事がないため、他の職種へ転換せざるを得なくなった。培ってきた能力や経験と求められるキャリアとのミスマッチゆえ、就労できない若者ホームレスたちがいる。

柳谷修一さん（三八歳）は、ガス会社の下請けとして二〇年間働いてきたが、機械化が進み、仕事が極端に減ったことなどから、リストラされてしまった。

「ガスの下請けはどんどん潰されてもうほとんどないよ。ハローワークで「何でもいい」って言ったら、「それじゃ困る」って怒られた。でもよ、土方以外にどんな仕事があるかわかんねぇよ。できそうな仕事があればいいけど、この年になって他にどんな仕事ができるか、自分でもわかんねぇんだよ」

年齢もまた大きな壁となって彼らの前に立ちはだかる。中島さん同様、生活保護を受給しながら就職活動をしている立木守雄さん（三九歳）。彼はレストランのホールで働いていた経験を生かし、接客業での就職を考えている。ハローワークに半年ほど通い、求人を探しているが、希望の仕事はなかなか見つからない。

「三五歳を過ぎると仕事がないという話は聞いていましたが、ここまで厳しいとは思いませんでした。学歴、年齢問わずと書いてあっても、実際は若い人に決まってしまう。今はやることがないのでうちでボーッとテレビ観てることが多いです。もったいないですよね。せっかく働ける体があるのに、何やってるんだろうって、自分でも情けなくなります。何でもいいから仕事したいですよ」

働く意欲があっても、それを見殺しにしている状況がある。若いころと違い、四〇歳を目前にした人たちは就職の壁にぶつかり、自分の積み上げてきた能力と今多く求められる職能との落差を痛感する。そんな状況が続いた末、「結局自分は必要とされていない」と感じ、就職活動をする意欲、働く意欲すら失っていくのだ。

†過去のトラウマに囚われて

過酷な労働や同僚からのイジメなどを経験したため、仕事に対するポジティブな感情を持てず、積極的に就労できない人がいる。前で紹介した、SEとして入社した会社でイジメに遭い、うつ病になるまで追い込まれてしまった中野良介さん（二七歳）。

仕事に就き自立したいと思いながら、また同じ目に遭うのではないかという不安を拭い去ることができない。

「働くこと自体は嫌いじゃないんです。でも、どっかでまだ働きたくないっていうのはありますね。前の職場みたいになるんじゃないかって。それがトラウマになってる。これから先どうしたいか、まったく思い浮かばないんですよ」

以前、SE関係の仕事に応募したが、結局、面接に行く勇気がもてず、辞退してしまったことがあったという。

「ホームレス状態を続けることはもちろん嫌ですよ。でもそれと同じくらいの不安と恐怖が働くことに対してあるんです。壁の上にまだ壁があって、登れない感じ。パソコン関係で、人と関わらなくていい仕事ならやれるかな……。でもそんな仕事が見つかるのって天文学的な確率になっちゃいますよね」

飲食業を中心に転職を繰り返してきた高村元さん（三九歳）。ほとんどの職場でイジメに遭い、理不尽な仕打ちを散々受けてきた。

「自分はテキパキと動けないところがあるもんで仕方ないんです。これまで五回、仕事変わってますけど、ただの一度も楽しいと思ったことなんてありませんね。何やってもついて行かれない、どこ行っても役に立たない。こんな自分はホームレスでいるほうがいいと思ってます」

人間関係のトラブルやイジメ等がトラウマとなり、働くことに対する〝ポジティブな感情〟がもてない人、過去の失敗などで自信をなくし、働く意欲を失っている人——彼らは仕事をするくらいなら、ホームレス状態でいるほうがずっとましだと口を揃えるのだ。

†労働忌避

仕事を探しても見つからない状況のなか、就職活動や働くこと自体を完全に諦めてしまっている人もいる。

「転職を繰り返して、基本的に何のスキルも身についていない自分に、就職なんて厳しいでしょう。できて製造業派遣か警備員くらい。でもどっちも厳しい仕事だし、条件的にも難しいし、ああいう仕事をするなら今のままでいいかな」と話すのは、アルバイトや派遣など、不安定就労を転々としてきた川西太郎さん（三六歳）。

「人間関係のごちゃごちゃとかも苦手なんです。派遣の時もそれで飛び出しましたから。以前、ホームレス支援のNPOで整骨院での仕事を紹介されたことがあったんですよ。興味はあったんですけど、条件が書かれたファックスの文字が殴り書きされてて、なんか大事にされない感じがしたんです。それで断りました。疑り深くなっちゃってダメですね。何の会社に入ってもうまくやっていかれるか自信がないんですよ」

大学中退後、登録型派遣で工場に派遣されて以来、さまざまな製造業の現場で働いてきた梅村徹さん（三七歳）。その間、待遇や給与はめまぐるしく変化した。

「法律で（製造業派遣が）解禁になるずっと前から派遣は普通にあったよ。請負先が変わると条件も大きく変わってしまう。同じ仕事なのに月給制が日給制になったり、ボーナスや社会保険がなくなったり。いわゆる偽装請負で働いていたこともある。働いた分だけ給料上がるから、景気がいい時はかなり稼いでたわ」

仕事ぶりが認められ、一度はトヨタ関係の子会社の正社員になった梅村さんだったが、望まない工場への出向を命じられ、退職。再び製造業派遣を転々とするが、その度に正社員と派遣社員の軋轢に嫌気が差して辞めている。自動車や精密機器工場での経験がある梅村さんは派遣社員にもかかわらず、フロアリーダーなどを任されることが多かった。

「派遣の俺が請負元の社員に指示出ししとるなんておかしいやろ。派遣なのにリーダーやらされて、社員以上に責任負わされてんのに待遇が全然違う。正社員やったらボーナスあるわな、給料ええわな、待遇ええわな。それなのに仕事が全然できへん人がおるってどういうことやねんって。そう思ったら仕事するのがアホらしくなったわ」

かといって正社員として働く気持ちにはなれなかった。

「一緒に働いてる人のなかには、五〇(歳)、六〇(歳)のおっちゃんもおるわけやん。そんなん見てるとどこがいいんかなって、希望がなくなる。だから正社員のチャンスはなんぼでもあったけど、まったく考えんかった」

しかし梅村さんは、そのことを今、後悔している。三〇歳を過ぎたころから、製造業を襲った不況も重なり、正社員への誘いはほとんどなくなった。路上生活になってからはハローワークに通い、製造業の正社員を中心に職を探したが、見つからない。

「もういいかげん就職活動する気なくなったわ。履歴書書いても空白だらけだから、まともな就職なんてできない。それなら路上にいても同じかなって。意欲だそうと思っても出せるもんやない。もう何もかも遅すぎるんだわ」

いざ就職となると、細切れのキャリアしかない自分の不利な状況を誰よりもよくわかっている梅村さん。たとえ自分のほうが実務ができ、仕事を教える立場でも、〝正社員〟には叶わないし、永遠に追いつけない。そんなやるせなさのなかで梅村さんは働く意欲を完全に失っているようだ。

働かず家にいることを母親から咎められ、家を出た北川明さん（三五歳）。その後、新宿駅の路上で過ごし、飯場での仕事を続けてきたが、二〇〇九年初めころから仕事がパッタリ来なくなったという。

「仕事をする気はしばらくありません。ハローワークも今いる場所からすぐのところにあるんですけど、行ったことない。面倒くさいからね。パソコンで検索かけられる時間は三〇分って決まってるし、このご時世、自分ができる仕事なんてないと思うから。将来のことか考えられないんです。自分のせいだからしょうがない」

路上を抜け出すことや仕事をすることを完全にあきらめている北川さん。将来を悲観し、未来から逃避しているように見える。

自立支援センターへの入所を繰り返す谷口邦明さん（三九歳）も路上を抜け出すことを半ば諦めている。

「これまでも何回か自立（支援センターに）入って仕事紹介されてやってみたけど、週三、四日のバイトがせいぜい。月一〇万円も行かへんのや。結局家賃払えなくて、出るしかなくなってまた路上生活へ逆戻り。でも自立に入ってればとりあえず生活できる、テレビも観れる、飯も出る。こづかいもらえる……悪くないわな。さすがに俺はもうあかんで、仕事せんやばいと思ってる。でも仕事あらへんのや」

働くことを完全に放棄しているわけではないが、不安定就労しか見つからず、自立を果たせない谷口さんは自暴自棄気味にそう話す。

最初から労働を忌避していたという人はいない。労働忌避の傾向は、ホームレス歴が長い人ほど高まる傾向にある。就職が決まらない、あるいは採用されても劣悪な条件の仕事しかないことが原因で「働かない、働けない」状態に陥っているということができるだろう。若者ホームレスは、学歴がない、キャリアを積めていない、コミュニケーション能力に乏しいなど、労働市場へ参入されるための〝能力〟に乏しく、すでにスタート時点で大きな不利を背負っている。そうした不利ゆえに、労働市場でうまく行く可能性は低く、その結果「働かない、働けない」状況に陥ってしまうのかもしれない。

†初職からの離職が分水嶺

ここまで若者ホームレスと仕事についてみてきた。ホームレス＝怠け者といったイメージとは裏腹に、彼らは全員就業経験があり、その大半は正社員として働いていたこともわかった。なかには体や心を壊すくらい猛烈に働き、燃え尽きた人や、奴隷のような労働条件のなか、文句一つ言わず、働き続けてきた人もいる。

一度は正社員として社会に出た彼らだったが、その後、「別の可能性を探りたい」などの理由で退職。しかし、安定した仕事を得られず、転職を重ねるうちに、正社員⇒契約社員⇒派遣社員と待遇や労働条件は悪化していった。

その背景には、構造的不況、雇用の非正規化、派遣労働の広まりなどがある。なかでも仕事と住居がセットになることが多い製造業派遣の解禁は、失業即ホームレスといった事態を助長してきた。製造業派遣や日雇い派遣以外にも、住み込みで働ける新聞販売店や水商売、週払いで賃金が支払われる警備会社、中高年の受け皿ともなってきた飯場仕事などを経由してホームレスになっている人もいる。

いずれにせよ、初職からの離職が一つのターニングポイントになっており、不安定な就労がホームレス状態に陥りやすい状況を作り出していることは明らかだ。

彼らの多くは仕事での〝成功体験〟や〝楽しいと思った経験〟がほとんどなく、過酷な労働やパワハラ、イジメなどによって、働くことに深刻なトラウマを抱えていたり、働くことに対して自信が持てない人が少なくない。そうした過去に加え、ホームレスという状態にあることで、「働きたくても働けない」状況に陥っている人もいる。「家がないのだから働けばいい」「若いのだから仕事はいくらでもある」と安易に考えがちだが、一筋縄ではいかない、現実があるのだ。

第四章　ホームレス脱出

歩き疲れて舗道で休む。彼らの境涯はもはや他人事ではない。（撮影：高松英昭）

一度ホームレス状態に陥ってしまうと、自分一人の力で抜け出すことは困難だ。第二章で書いたように若者ホームレスは家族に頼れない事情がある人がほとんどである。また、仕事を探そうにも、一度住まいを失い、路上へ出てしまうと、住所がない、住民票がない、身分証がないといった状況に追いこまれ、就職活動さえままならないことは、第三章で見たとおりだ。過去に受けたトラウマから働くことができない人、仕事経験が少なく、自信がもてない人なども少なからずいる。

ホームレス状態から脱出するにはどうすればいいのか？　そんな時、救いとなるのがさまざまなセーフティネットだろう。生活保護、雇用保険等公的なセーフティネットやNPOによる支援のなかに、若者ホームレスが利用できるものはあるのだろうか。

そこで第四章では、公的セーフティネットに加え、「仕事経験が乏しい」「何をしたいかわからない」など、若者特有の問題に取り組むNPO等の活動も参考にしながら、ホームレス脱出への可能性を探っていきたい。

†生活保護制度

ホームレス状態から抜け出す時、活用できる制度としてまず思い浮かぶのが生活保護制度だろう。生活保護制度は生活に困窮している状態であれば原則、誰もが利用できる。安定した住まいや仕事がないホームレスならすぐ受給できるものと思われがちだが、実際はそう簡単にはいかない。年齢的にも就労可能と考えられる若者ホームレスの場合、生活保護を受給することはさらに難しくなってくる。

「若者ホームレス五〇人聞き取り調査（以下「聞き取り調査」）」において、生活保護受給経験を聞いたところ、三割が受給経験がある（もしくは受給中）と答えている。

一方で、生活保護を申請するため役所に行ったが、「若くて働ける人は申請できない」と断られてしまうことが、ほとんどだという。「住所がないと申請できない」「職がないと受理されない」など誤った情報を伝えられるなど、行政による水際作戦によって申請すらできなかったというケースが実に多い。

法律上はたとえ若者であっても、生活に困窮していれば、生活保護を受給する権利がある。しかし、受給権利があることを知らない人は多く、「生活保護を受けると自立した時、税金が高くなる」など間違った情報がまことしやかに伝わっていることもあった。

「聞き取り調査」では、受給経験がある人は全員、ホームレス支援団体や法律家等の助けを借りて生活保護を申請し、受理されていたことも明らかになった。

現在生活保護を受給して就職活動をしている植田勝之さん（三七歳）は、路上にいたころ、持病の腰痛が悪化し、歩くこともままならない状態に陥った。

「炊き出しなどを利用して何とか食いつないでいましたが、お金がまったくなかったんで、どこに行くにも歩いて行かなければならない。これ以上歩くことは無理だったので、近くの役所に行って、生活保護を受給したいと言ったんです」

しかし「三〇代では無理」と年齢を理由に断られてしまう。途方に暮れた植田さんは、ホームレス支援団体に相談に行き、福祉事務所へ同行してもらったところ、保護申請が受理され、無料低額宿泊施設への入居が決まったという。

一方、生活保護に対して消極的な人や、強い嫌悪感を持っている人もいる。

「生活保護を受給すると家族や親族に連絡が行くので絶対にダメ。家族にこの状態を知られるくらいなら、死んだほうがマシです」

路上で倒れ、病院に担ぎ込まれた古池浩二さん（三七歳）は、病院のケースワーカーから生活保護受給を強く勧められたが、母親に知られたくないと受給を固辞したのだ。

生活保護を申請する際には、三等親以内の親族に扶養可能かどうか、照会することが義務づけられている。実際は郵便で回答する程度の形式的なものだが、現在の状況を知られてしまうことに違いはない。

いずれにせよ、現在の生活保護制度は、若者ホームレスが自立するため、容易に利用できる制度にはなっていないということができるだろう。

†自立支援センター

生活保護はホームレスであっても受給することができると書いたが、これはあくまでも法律上での話である。現実には就労可能なホームレスの場合、生活保護の受給は認められず、「自立支援センター」へ入所し、社会復帰を目指す道を勧められることが一般的だ。

「自立支援センター」の核になるのは、二〇〇二年に成立した「ホームレスの自立の支援等に関する特別措置法」である。同法では、自立意思のあるホームレスに対する国と地方自治体による就業支援が重視されている。ホームレスの数が多い都道府県では、「緊急一時保護センター」や「自立支援センター」を設置し、簡易宿泊所と食事の提供を行うほか、「自立支援センター」では、就業の相談や職業訓練を行うことが義務づけられている。

「ホームレスは生活保護制度ではなく、ホームレス特別措置法による自立支援センターを利用せよ」――というやり方に対して、ホームレスを生活保護から不当に排除しているという批判はもちろんある。しかし、ホームレス状態にある人が生活保護受給を認められ、単身でアパート入居しても、無断退去や家賃滞納などトラブルを起こす可能性が高い——というのが、ホームレス状態にある人に、簡単に生活保護受給を認めない行政側の言い分であるらしい。

ホームレスに対する「自立支援施策」は自治体によって多少異なるので、ここでは東京都の例をざっと見てみよう。東京二三区内には、「緊急一時保護センター」と「自立支援センター」が六カ所ある。ホームレス状態にある人が福祉事務所に相談すると原則一カ月入所できる「緊急一時保護センター」への入所を勧められる。

「緊急一時保護センター」では、宿泊場所と食事が提供され、心身の健康回復や自立への意思確認、退所後の処遇の相談などが行われる。そこで就労可能かつ自立への意思があると認められると「自立支援センター」へ入所することになる。就労が困難と判断された場合は、施設等に入り、生活保護を受給するのが一般的だ。

「自立支援センター」では宿泊場所と食事が提供されるほか、就職のため、住民票が交付され、就業の相談や職業訓練を受けることもできる。原則二カ月（東京都の場合）入所でき、その間、就職活動に専念することになる。

しかし、「自立支援センター」を通して就労自立したホームレスの七割が再び路上へ戻ってしまうなど、効力をあげているとは言い難い状況が続いている。

「聞き取り調査」対象者のなかにも、「緊急一時保護センター」や「自立支援センター」を利用した経験を持つ人が複数いた。しかしいずれも、自立には繋がっていない。

その理由として考えられるのは、「自立支援センター」への入所が認められる期間内に就職先を見つけることが困難であることが挙げられるだろう。通常、「自立支援センター」に入所が認められる期間は二カ月間のみ。その間に仕事が決まれば、家賃など自立に必要な資金を貯めるため、さらに二カ月間の入所延長が認められる。しかし、入所者の多くは仕事が見つからない、あるいは仕事を得られても、日雇いやアルバイトなど不安定な就労がほとんどなため、途中で仕事を失い、「自立支援センター」を退去せざるを得なくなってしまうのだ。

広川文也さん（二一歳）も「自立支援センター」入居中にフォークリフトの資格を取り、冷凍倉庫へのアルバイトが決まったが、数カ月で仕事を切られ、再び路上へ戻ってしまっている。

ほかにも「自立支援センター」が自立に繋がりにくい理由として、生活のしづらさが挙げられるだろう。「自立支援センター」では、夜間の外出は禁止で、門限も厳しく管理されているため、「遠方での勤務や時間が不規則な仕事には就けない」といった声もある。個室はなく、二段ベッドが置かれた殺風景な部屋で見知らぬ人と共同生活をしなければならない。なかには二〇人分のベッドが大部屋に並べられている施設もあり、周囲との人間関係に苦労する入所者もいる。このようなプライバシーのない空間にはとても絶えられないと考える若者ホームレスは少なくない。

「自立センターには一度入ったことありますけど、最悪でした。ヤクザ風の男とか、ムショ帰りの男とか、ヤバそうなオヤジがいっぱいいて、若いっていう理由だけで俺を使いっ走りにするんです。盗難事件とかも多くて物騒で。ってか、まったくの他人同士が一緒に暮らすなんてあり得ないっすよ。隣りに寝てるのが凶悪犯かもしれないんですからね」

（谷口邦明さん、三九歳）

「ホームレスの集団が怖い」「他人とコミュニケーションをとるのが苦手」などの理由で路上やネットカフェでも一人過ごすことが多い若者ホームレスにとって、集団生活が基本となる自立支援センターは、馴染まないように思われる。

また最近、急増するホームレスに対し「緊急一時保護センター」や「自立支援センター」の数が足らず、希望しても入所できないという問題が深刻化している。特にリーマンショック以後、「緊急一時保護センター」の収容数は足りておらず、申し込んでも抽選で落とされるというケースが後を絶たない。

「いざとなったら「緊急一時保護センター」に駆け込もうと思ってたんです。年末にもう寒さでどうにもならなくなって「入りたいです」って駆け込んだら、抽選だって言われて……。俺昔からクジ運悪くてハズレ。目の前真っ暗になりました。年末は役所も病院も閉まっちゃうから、生きて年越せるかなって、マジで思いましたね、あの時は」(安倍川睦さん、三三歳)

「緊急一時保護センター」は、ホームレスの人たちがいざという時駆け込めるシェルター的役割も果たしている。しかし、実際は入所希望者が多く、〝緊急一時〟の意味を果たしていないのが現状だ。

ちなみに東京都では、自立支援センターがホームレスの自立につながりにくいことを踏まえ、「新型自立支援センター」に移行する動きが進んでいる。二〇一〇年八月には、「新型自立支援センター」第一号となる「港寮」が開所した。「新型自立センター」の利用期限は六カ月。これまで別々の場所にあった「緊急一時保護センター」と「自立支援センター」を一つの建物に集約し、緊急から就労自立まできめ細かく支援していくことを目指すという。

†雇用保険

生活保護、自立支援センター、いずれも若者ホームレスが利用しやすい制度ではないことをみてきた。しかし、最後のセーフティネットである生活保護に頼らざるを得ない状況になる前に、雇用のセーフティネットが機能していれば、ホームレス状態にまで陥ることはなかったという人もいるはずだ。

第三章でみたように、若者ホームレスは全員就業経験があり、その多くは正社員として就労していたが、何らかの理由で退職、失業している。それが引き金となり、住居の安定性を失い、路上に出ている。離職段階で雇用保険を受給できていれば、住まいまで失わずに済んだ人もいただろう。

若者ホームレスのうち、ホームレス直前職を離職した際、失業手当を受け取った人はほとんどいなかった。雇用保険に加入していたかどうかわからないという人や、雇用保険の存在そのものや失業手当自体を知らなかったという人もかなりの数に上った。

「週二〇時間以上勤務し、一年以上の雇用見込み」がある場合、雇い主は雇用保険への加入が義務づけられている。しかし、第三章で見たように多くの若者ホームレスが働いてきた製造業派遣や日雇い派遣などでは、雇用期間が短いため、雇用保険に加入することができない。また雇用保険等の支払い義務から逃れようと、短期契約を繰り返す派遣会社等が多く現れた。

中島勉さん（三七歳）は、三年近く製造業派遣の仕事を続けたが、派遣会社と三ヵ月ごとに契約を結び直したため、雇用保険を受給することはできなかった。

また、仮に雇用保険に加入していても、失業手当は自動的に給付されるものではなく、みずから役所に出向き、手続きを行わなければ受け取ることはできない。書類をそろえ、最寄りのハローワークへ行くというちょっとした手間が大きなハードルになっていることも考えられる。

実際、手続き方法がわからず受給をあきらめた人、会社と揉めて飛び出したため、手続き書類が受け取れない人、雇用保険に関して正しい情報がなく、申請締め切りに間に合わず受給できなかった人などがいる。

さらに退職後即住居を失い、路上へ出た人の場合、住所も同時に喪失していることを理由に雇用保険を受給できないこともあるという。

体を壊し、派遣の仕事を辞めざるを得なかった立木守雄さん（三九歳）は、雇用保険が受給されるまでの三ヵ月という待機期間を持ちこたえられず、路上へ出ている。

「前にも失業保険をもらったことがあって、その時はすぐ受け取れたように思うんです。でも最近失業者が増えて条件が厳しくなったとかで、自分の場合、自己都合（退職）だから待たされることになりました。でも結局その間にアパートの家賃を払えなくなっちゃったんですよ」

派遣、契約、パートなど、雇用の非正規化が進んだ結果、若者ホームレスに限らず、完全失業者の雇用保険加入率は減少の一途を辿ってきた。実際、二〇〇七年に失業給付金を受け取った人は、完全失業者の約四分の一にも満たないというデータもある（「労働調査」より）。

二〇〇八年の年末、派遣切りなどで職を失い、失業給付も生活保護も受給できない人々が日比谷公園を埋め尽くし、セーフティネットの脆弱さが露呈された。

政府はそれを補うため、その後、いくつもの政策を講じている。

一つは雇用保険適用条件の緩和である。前述したようにリーマンショック以前に雇用保険が適用されるのは、「週二〇時間以上、雇用見込み一年以上」であったため、これに満たない派遣社員や期間工、パートなどの非正規労働者は対象にならなかった。

しかしリーマンショック後、適用条件が少しずつ緩和され、二〇一〇年四月からは、「週二〇時間以上、雇用見込み三一日以上」ある人に対して、雇用保険加入が義務づけられるに至っている。

†新しいセーフティネット

さらに政府は、雇用保険が適用されない非正規労働者や失業給付が終了した人を対象に生活資金や住宅入居費などの貸付、支給を行う、雇用保険と生活保護の間を補うような「新しいセーフティネット」を立ち上げた。

まずは二〇〇八年一二月、解雇や雇い止めなどによって住居を喪失した失業者に対して、住宅入居初期費用（敷金・礼金）等の貸付を行う「就職安定資金融資」制度をスタート。

さらに二〇〇九年一〇月には、二年以内に離職した人で住居を失いそうな人に対し、生活保護の住宅扶助費と同額を最長六カ月間給付する「住宅手当」（緊急特別措置事業）や職業訓練の期間中、生活、就職活動費が支給される「訓練・生活支援給付」、さらに給付や貸付が開始されるまでの期間に支給される「臨時特例つなぎ資金貸付」などの、新しい制度が次々に作られてきた。

そのなかには、若者ホームレスが利用できると思われる給付金制度や貸付制度もあるのだが、支援の最前線で、新しいセーフティネットが積極的に活用されているかといえば、必ずしもそうではないようだ。

利用のネックになっているのは、該当条件の厳しさにある。

たとえば、「就職安定資金融資」では、事業主都合で離職した失業者に限定されることや、貸付のため、現在の借入状況などが細かく審査されることがネックとなり、受給できない人が多い。また、ほとんどの制度が二〇〇七年一〇月一日以降に離職した人に限定される点、利用する際、離職票が必要な点などがハードルとなり、受給をあきらめる人もいる。

住宅を喪失しそうな人や、ホームレス状態にある人から相談を受けているNPO法人自立サポートセンター・もやい理事長の稲葉剛氏は新しいセーフティネットについて次のように話す。

「いろいろな条件があり、実際に利用できる人はごくわずかです。もやいでは、離職したばかりで書類が整っている人や、家族に知られたくないから、生活保護は絶対受けられないという人には、住宅手当などを勧めることはあります。いずれにせよ、路上ギリギリで踏みとどまっている人にはある程度使えるかもしれませんが、すでに路上にいる人は利用できないことが多いですね」

「住宅手当」を受給すると向こう六カ月の家賃が給付される。この間に仕事を探し、自力で家賃を払えるまで漕ぎつけなければならないのだが、就職活動が難航し、六カ月経っても就職が決まらないというケースが跡を絶たないという。

「六カ月の住宅手当だけではどうにもならず、路上へ逆戻りというケースもあります。それなら最初から生活保護を申請したほうが良かったということになってしまいますよね」

またこれら公的支援制度は主体が地方自治体・福祉事務所・ハローワーク・社会福祉協議会・労働金庫とそれぞれに異なるため、非常に煩雑でわかりにくく、使いづらいという話をホームレス支援者や当事者から頻繁に聞く。

たとえば「就職安定資金融資」はハローワーク、「住宅手当」は地方自治体、「つなぎ資金」は社会福祉協議会と窓口がバラバラでわかりにくい。またいずれも時限的な制度のため、将来まで続く保証はまったくない。

実際、「就職安定資金融資」は、二〇一〇年九月末日で利用者の減少等を理由に新規申請を終了している。

「新しいセーフティネットをまったく評価しないというわけではありません。しかし、結局のところ、労働市場と住宅市場が良くなっていかない限り、何も変わらない。恒久的に住める低廉な公営住宅を整備するとか、積極的に雇用を創出するとか、社会システムを根本から変えていかなければ、解決しないと思うんですよ」と稲葉さんは話している。

†ネットカフェ難民対策

上記で見てきたように、二〇〇七年のリーマンショック後、「年越し派遣村」に押し寄せた人たちに代表される仕事と住居を失った人たちのために、国や地方自治体ではさまざまな対策を講じてきた。

東京都ではネットカフェ難民対策として、二〇〇八年四月にTOKYOチャレンジネット（以下チャレンジネット）をスタート。チャレンジネットでは、生活相談、居住相談、就労相談を一つの窓口で行えるほか、住宅資金（敷金、礼金等）四〇万円までと生活資金（家電、布団など生活必需品購入費）二〇万円までを無利子で貸し付ける貸付を行っている。

これまで地方自治体が無利子で貸付を行った前例がないこと、生活、住宅、就労のワンストップサービスを実現したことなどから、メディアでも多数取り上げられ、話題になった。

二〇〇八年四月から二〇一〇年九月まで約二年半の間に電話やメールで寄せられた相談件数は一万件程度。チャレンジネットに来所し登録した人は約二八〇〇人。年齢別でみると三〇代が最も多く、四〇代、二〇代、五〇代と続く。

「大学を出て、普通に正社員として働いていた人が、会社の倒産やリストラなどちょっとしたきっかけで職を失い、住居まで失うという状況が発生しています。ごく普通の人がネットカフェ難民になっているという印象です」と話すのは、チャレンジネット所長の新津伸次さん。

チャレンジネットでは、生活状況や健康状態の把握などの生活相談、賃貸物件の情報提供、保証人や緊急連絡先の確保などの居住相談、履歴書作成指導などを含む就労相談などのサービスを担当の相談員から一括して受けることができる。

利用できるのは、①六カ月以上、東京都内に生活していること。②ネットカフェ等に寝泊まりしながら、不安定な雇用形態で就業し、毎月一定の収入があること。①六カ月以上の居住証明については、住民票がなくても、ネットカフェの領収書等があれば柔軟に対応するという。しかし、②不安定な雇用形態で就業し、毎月一定の収入がある、というのはどの程度のことを指すのだろう。たとえば日雇い派遣やアルバイト、ビッグイシュー販売なども就業として認められるのか？

「日雇い派遣でもビッグイシュー販売でも、もちろん認められます。しかし問題になるのは、住宅確保後です。チャレンジネットの貸付は、住宅や生活の初期資金のみですから、入居したら月々の家賃や生活費を自分で賄っていかないといけません。これは給付でなく、あくまで貸付ですから、利用段階で返済の見込みが立てられなければ利用は難しいのです」とチャレンジネット業務を主管する東京都福祉保健局の門井信学さんは言う。

また多重債務者の場合、利用が難しいこともある。「聞き取り調査」でも、若者ホームレスの約四八％が消費者金融などからの借金があると答えており、多重債務を抱えている人も少なくない。

「債務の額や状況によります。まず債務を整理し、債権者と話がつけば貸し出すこともできますが、多少時間がかかってしまうかもしれません」（新津さん）

またチャレンジネットの利用には、身分証明書もしくは戸籍抄本、就労先や収入が確認できる書類が必要。ホームレス状態が長く、すでに住所や身分証を失ってしまった人に利用できる制度ではないようだ。

「ホームレス状態にまで陥ってしまうと自立に大変な時間がかかります。アルバイトなど何らかの就業はしているけれど、非常に不安定な仕事のため、住宅確保の初期資金が払えず、ネットカフェに暮らさざるを得ない人にとってはチャレンジネットは非常に有効だと思います」（新津さん）

確かにこれまで路上ギリギリのところで踏みとどまっているホームレス予備軍の人たちが使える制度はなかった。そういった意味でも、チャレンジネットはかつてない取り組みといえるだろう。

しかし、現在不安定な仕事しかない人にとって、毎月きちんとした収入を得、家賃を払っていくことは簡単なことではない。再び仕事を失い、東京都から借り入れた住宅資金を返せなければ、借金を抱えることになり、以前にも増してさらに状況は悪くなってしまう。

この二年半でチャレンジネットを利用し、住宅資金等の貸付を受け、住宅を確保した人は約三五〇人。利用者に対する支援は、住宅確保後も細やかに行われている。

「アパート入居後、こちらの連絡に応じない人には、スタッフが直接アパートに出向き、様子を見に行って相談に乗るようにしています。資金貸付が仕事ではなく、本当の意味での社会復帰を手助けすることが目標ですから、これからもアフターフォローには力をいれていきたいと思います。アパート入居がゴールじゃない。そこからが本当のスタートなんですから」と新津さんはいう。

二〇〇八年四月にスタートしたチャレンジネットは三カ年計画の事業のため、二〇一一年三月に、いったん終了する見込みだという。スタッフは、電話の前で相談を待っているだけでなく、ネットカフェを巡回し、チャレンジネットを周知させ、利用を呼びかけてきた。チャレンジネットにつながった人たちの今後はどうなるのか、せっかくできた〝場〟がどうなってしまうのか、気がかりだ。

†若者ホームレス包摂へ

東京、大阪を始めとした諸都市には、ホームレス状態になった人たちに対する支援活動を行っているNPOなどが複数存在する。炊き出し、医療相談、法律相談、就労支援、家賃保証など、その領域は多岐にわたるため、適切な情報が得られればかろうじて命を繫ぐことはできるだろう。

しかしながら、第一章で書いたように、若者ホームレスの場合、炊き出しに並ぶことを嫌ったり、他の路上生活者と話をすることを避ける人が少なくないため、情報が得られず、支援に繋がりにくい傾向がある。

また、こうしたホームレス支援を専門に行っているNPOは、食事、医療、法律、住まいなど、緊急性の高い領域が中心である。もちろん家がないという極限状態にあるため、緊急性が優先されるのは当然だ。しかし本当の意味でホームレス状態から脱するためには、長期的な支援、たとえば、職業訓練や継続的な就業支援、生活支援なども必要になってくる。

本書では、仕事を見つけアパートに入居できたのも束の間、再び雇い止めに遭い、アパートを出ざるを得なくなったケースや、ようやくホームレス状態から抜け出したが、働きたいのに仕事がない状況の中、意欲を喪失しかけているケースなどを紹介してきた。

路上脱出はゴールではなく、自立へのスタートラインに過ぎない。再び路上へ逆戻りする契機はまわりにいくらでも転がっている。そんな彼らが気軽に相談できる場所や、愚痴をこぼせる仲間がいれば、状況は多少なりとも変わってくるだろう。

以下では、困難を抱える若者に対する支援を行ってきたNPOやワーキングプアの人たちが助け合いながら生活する共同住宅を設立した労働組合などを紹介し、若者ホームレス包摂の可能性について考えていきたい。

†若者支援NPOの取り組み

ニートや引きこもりの若者に対する就労支援を中心に活動を行ってきた「「育て上げ」ネット」(東京都立川市)。目玉となるプログラムの一つ「ジョブトレ」では、生活訓練に始まり、仕事体験、職業訓練、就職指導までを一貫して行うプログラムを実施している。

利用者は四〇歳未満の若者で、就労経験がまったくない人に加え、一度は就職したが挫折した人、対人関係がうまく行かず、仕事が長続きしない人などさまざまだ。

ジョブトレ卒業生の就職率は平均九〇%に及ぶなど、若者の就労自立に有効なプログラムなのだが、参加には月四万円程度の料金がかかるため、利用できる層は限られていた。しかし若者ホームレスの例を挙げるまでもなく、自分一人の力では就労できず、経済的に困窮している若者は少なくない。そんな最も弱い立場にある若者に対しての支援を模索してきた「育て上げ」ネットでは、最近、役所のケースワーカーと連携し、生活保護を受給しながらジョブトレに通える道を開いた。

「まだ数名ですが、仕事を失った後、引きこもり、頼るべき家族がないため、路上ギリギリの生活をしていた若者なども通っています。数年前と比較しても、ジョブトレ利用者の経済的状況は悪化している。最も困難な若者がジョブトレを利用し、就労自立できるように頑張っています」と話すのは、NPO「育て上げ」ネット若年支援事業部地域担当部長の井村良英さん。

ジョブトレのプログラムは、生活リズムを整える生活訓練から始まる。

「朝きちんと決まった時間に起きるという生活改善トレーニングから始めます。対人関係に苦手意識を持つ若者にはあいさつなど基礎的なコミュニケーションを体得してもらい、働く土台を作っていく。ここがしっかりしていなければ、職業訓練や就職指導をしても継続的な就労には結びつかないと考えるからです」

それぞれの希望に応じ、パソコン講習、ビル清掃、農業実習など、さまざまな職場体験や就業訓練を経て、実際の就職活動へと入っていく。就職活動ではハローワークへの同行など、首尾一貫してきめ細かいサポートが受けられる。

「育て上げ」ネットでは、ジョブトレ修了後も気軽に利用できるプログラムやイベントを用意するなど、その後の〝居場所づくり〟にも熱心に取り組んできた。

「無事に就職した後も躓きの元になることはいくらでも転がっているでしょう。つらい時、仲間に会いたい時、相談したい時、いつでも訪ねて来られる〝居場所〟になれるよう、ゆるやかな繋がりを築いて行かれればと思っています」

†合宿型プログラム

同じく引きこもりやニートの若者を中心とする自立支援活動を展開してきた㈱K2インターナショナル（横浜市、以下K2）。ここでは、「新しいセーフティネット」の項で紹介した、訓練・生活支援給付金を利用した合宿型若者自立支援プログラムを展開している。「育て上げ」ネットのジョブトレが通所型なのに対し、K2では寮で共同生活を送りながら生活訓練、職業訓練を実施する。訓練・生活支援給付金を使って利用できるため、経済的に困難を抱える若者たちも参加することができるプログラムだ。

二〇〇九年頃から生活保護を受給してプログラムに参加する若者が増え始め、ホームレス状態だった若者が利用したケースもあったという。

生活改善 ⇓ 座学 ⇓ 仕事体験 ⇓ 就職相談という大まかな流れは変わらないが、K2では特に働きながら仕事を覚えていくOJT（on the job training）に力を入れている。

「かつて働いたことがあるけれど解雇された、職場の人間関係でつまずいたという人もいます。実際に就職する前に仕事の現場で人との関わり合いを学び、自信をつけてもらうことが大切です」と話すのは、K2インターナショナルジャパン若年者就労支援事業統括責任者の白水崇真子さん。

K2では、自立支援事業と平行して、自社で飲食店（お好み焼き店、高校の学食）数店舗を運営しているため、ここで接客や事務の仕事を体験できるほか、K2と協力関係にある団体や企業などに職場体験の場を用意。研修終了後、そのままお好み焼き店等で働き続ける若者もいるという。

就職先を探すこと自体が非常に難しい現代、プログラムだけでなく、若者就労の機会として仕事を作り出していることもK2の大きな特徴といえるだろう。六カ月のプログラム修了後の進路はさまざま。就職する人もいれば、引き続き研修先でOJTを続ける人、学校に入り直す人などもいる。

また希望すれば、寮に住み続けながら、フォローアップを受けることも可能だ。寮を出た後も仲間とアパートを借り、K2のそばで暮らす若者も少なくないという。親しい友だちや仲間を作る機会も多いのも寮での共同生活ならではだろう。ゆるやかな繋がりを維持しながら、寮生活、仲間とのシェアハウス、一人暮らし……と自分のペースで自立していける仕組みだ。

「週に一度、OBも参加できる鍋会を開いているので、K2を卒業した後も話に来る人、遊びに来る人で事務所はいつも賑やかなんですよ。プログラム修了後、就職が決まった若者とも必ず面談の約束をします。働き続けることが目標なので、就職後がむしろ本当の正念場。引き続きサポートしていきたいんです」（白水さん）

K2インターナショナル若者のサポートに携わってきた岩本真実さん（湘南・横浜若者サポートステーション統括コーディネーター）は、定時制高校などに出かけていき、困難を抱える若者と出会う機会を積極的に作ってきた。

「就職が厳しい状況の中、家庭環境、経済的な問題、病気などを抱え、学校を出てもフリーター・無業の選択肢しかない若者たちは、社会から孤立してしまう危険性が高い。〝ホームレス〟と若者の境界線がとても近くなってきたことに恐ろしさを覚えます。今後もより、困難な立場にある子どもたち、若者たちのために力を尽くしていきたい」と岩本さんは話す。

経済的困難を抱える若者でも、生活保護や訓練・生活支援給付金などを利用することで、これまで参加することができなかった自立訓練プログラムに通う道が開かれつつあることの意義は大きい。安定した住居や生活など、就労以前の段階で行き詰まっている若者ホームレスたちにとって、活用することができる数少ないプログラムといえるだろう。

†労働組合発の取り組み

困難な状態にある個人が共に暮らすことで、苦境を乗り切ろうと立ち上がったのが、フリーター労組全般組合（以下フリーター労組）による共同アパート「自由と生存の家」だ。

九割が非正規労働者、平均年収一八〇万円未満というフリーター労組の組合員が抱える困難な問題の一つが安定した住宅の確保。

「年収一八〇万円（月収にして一五万円程度）だと収入の半分が家賃に消えてしまいます。非正規の場合、給与は働いた分だけしか支払われませんから、少し体調を崩して休んだだけでもたちまち住居を失うという危険に見舞われてしまうのです」と話すのは、「自由と生存の家」実行委員会の大平正巳さん。

そこでフリーター全般労組が老朽化したアパートを借り上げ、共同で住める形にリフォームし、低収入の労働者が低廉な家賃で暮らせる「自由と生存の家」としてオープンさせた。「自由と生存の家」は、東京・四ッ谷駅から徒歩数分という地の利のいい場所にある。家賃は広さによって三万五〇〇〇円から六万円程度（同エリアの家賃相場の六五％程度）。光熱費は頭割り。風呂、トイレは共有。礼金と保証金は不要で敷金は積み立てとして強制的に貯金され、アパートを出る際、返金してもらえる仕組みだ。少しでもリフォームを安く済ませるため、延べ五〇〇人近いボランティアの協力を得て、オープンにこぎ着けたという。

入居者は三〇代が最も多く、二〇代、五〇代と続く。

「派遣切りにあって住まいをなくし、テント暮らしをしていたという三〇代半ばの男性などもいます。過酷な路上暮らしで、精神的にまいっているため、今は生活保護を受給しながら体調をととのえているところです。ほかにもネットカフェで暮らしていた三〇代の男性や警備員をリストラされ、住まいを失った人など路上生活ギリギリの人が多いですね」

自営や派遣などのため、収入が安定しない人や労働争議中の男性なども利用しており、一五部屋は常に満室状態だ。

「当初は生活がある程度安定した段階でここを出てもらい、必要性が高い人に入ってもらうということを考えていたんですけれど、全然回転しないんです。皆、かなり真剣に就職活動していますが、安定した仕事を見つけるのは本当に難しい。四〇代以上になるともう就労は困難なんじゃないかと思えるほど、見つからないんです」
こうした状況のなか、うつ的状態を募らせてしまったり、部屋に引きこもってしまう人もいる。
「野宿ギリギリの生活をしてきた人などは、これまで張り詰めていた緊張の糸が切れてしまうのか、アパートに入居すると病気になったり、精神的に不安定になる場合があるんです。そんな時はつかず離れずの距離感で孤立しすぎないようにそっとフォローするようにしています」（大平さん）
「自由と生存の家」には、精神保健福祉士の大平さんや就労問題に詳しいメンバーなど、フリーター

自由と生存の家

全般労組の運営スタッフたちが住人の就職相談や生活相談などに応じている。金銭管理や隣近所とのトラブル解消、生活保護の受給申請、基金訓練の紹介、病院付き添いなど、希望すればさまざまなサポートを受けられるのだ。

「自由と生存の家」の最大の特徴は、人と人が緩やかな繋がりで結ばれていることだと大平さんは言う。

住民同士も緩やかに繋がっている。月に一度自治会が開かれ、生活上の問題が話し合われるほか、月に二回、「野菜市」を開催し、ささやかな収入を得る取り組みも始まっている。

「「野菜市」は、パルシステム（宅配生協）さんから社会貢献活動の一環として分けて頂いた野菜を「自由と生存の家」で販売するというものです。参加者は多少の収入が得られますし、いろいろな理由で働けなくなっている人たちにとって、新しい分野での就労トレーニングにもなると思っています」

野菜市は自由参加。住民以外にもフリーター全般労組の組合員やボランティアなど、毎回多彩なメンバーが集まる。野菜市を行うことで、近隣住民との繋がりも生まれつつあるという。

フリーター全般労組では現在二軒目となる「自由と生存の家」の準備に入っている。大平さんの話のように、安定した仕事が得られない状況、働いても生存ギリギリの収入しか得られない状況は変えていかなければいけない。しかしそれは一朝一夕に変わるものではないのもまた事実だ。労働闘争を続けながらも、一方でいつ路上に放り出されてもおかしくない不安定な状況にある人が安心して暮らせる住居を確保することは非常に重要なことである。それも単なる寝場所ではない、困ったとき相談でき、人と人が緩く繫がることができる居場所として機能していることが、「自由と生存の家」の最大の強みであると言えるだろう。

†ビッグイシュー基金の取り組み

ビッグイシュー基金でも、若者ホームレス問題を解決するため、積極的な取り組みをスタートさせている。第一章でも記したように、二〇〇七年ごろから販売者の中に、それまではほとんど見られなかった若い人たちの姿が目立ち始めた。しかし、彼らは販売が長続きしなかったり、ホームレスであることの自覚や危機感に乏しかったりと、これまでの販売者とは異なる存在であり、現場のスタッフもどのように支援していったらいいのか戸惑う場面が多くあった。
そこでまずは彼らの声を聞き、実態を把握しようと、本書の元になっている「聞き取り調査」をスタートさせた。その間にも事態はどんどん深刻化し、東京事務所の場合、二〇一〇年には、それまで五六歳だった販売者の平均年齢が四五歳となり、一一歳も若くなってしまった。

その後、聞き取り調査が終了した二〇一〇年夏、宮本みち子（放送大学教授）、雨宮処凛（作家）、稲葉剛（NPO法人自立生活サポートセンター・もやい理事長）、井村良英（育て上げネット）各氏を交えた「若者ホームレス支援方策検討委員会」（宮本みち子委員長）を設置。「若者をホームレスにしないため、市民、社会は何ができるのか」について議論してきた。

雇用からの排除、教育からの排除、希薄な家族関係、貧困、うつ的傾向、意欲の低下……若者ホームレスが抱える複合的な問題について、絡まった糸を解きほぐすように検討を重ねた結果、〈緊急〉〈暮らし〉〈心と身体〉〈社会参加と職業訓練〉〈就業・自立〉〈長期的予防〉という支援方策を提案することにした。詳細については、『若者ホームレス白書』（ビッグイシュー基金発行、二〇一〇年一二月から無料配布）に掲載しているが、ここではそ

若者ホームレス支援方策

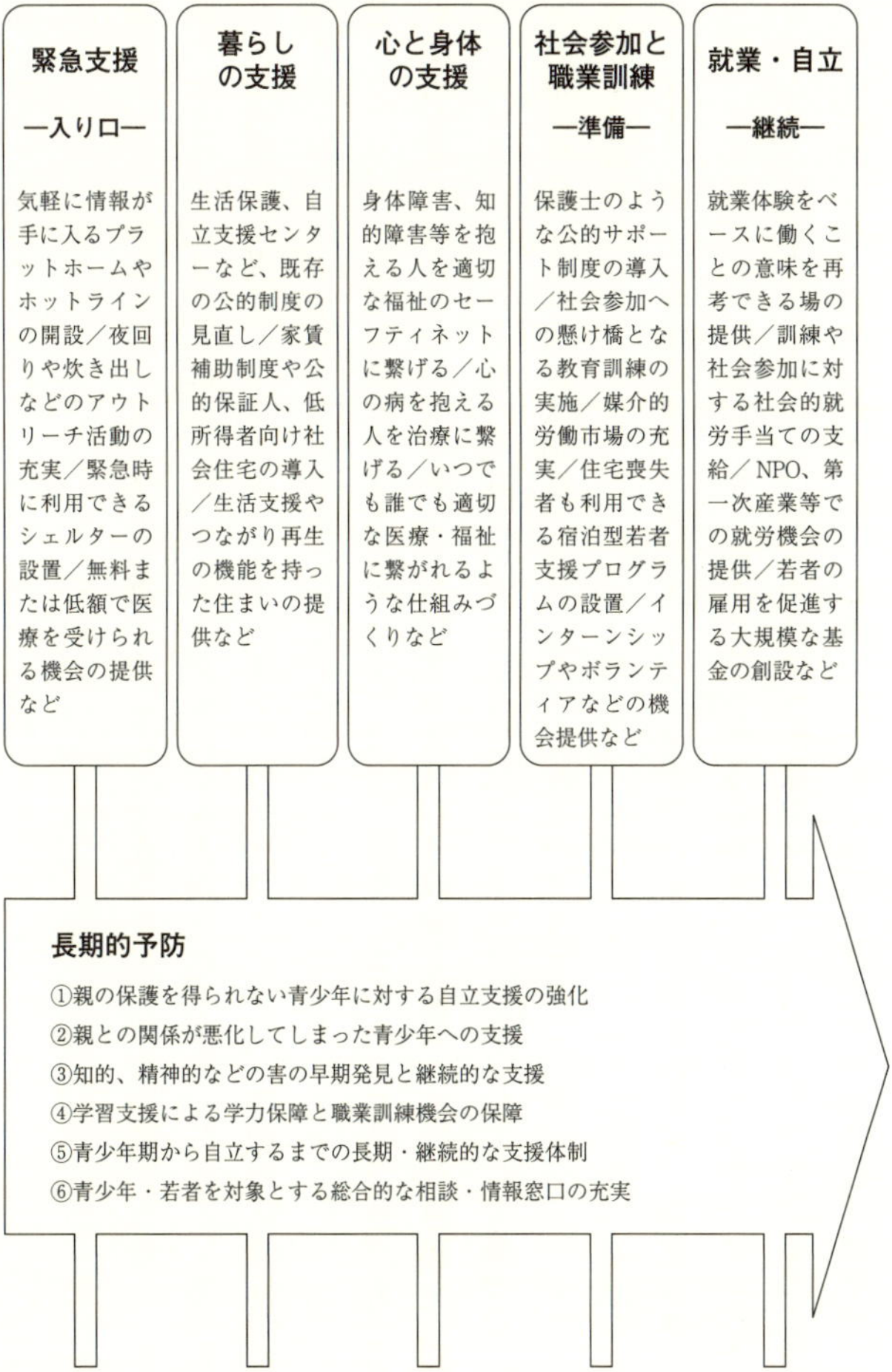
緊急支援
―入り口―
気軽に情報が手に入るプラットホームやホットラインの開設／夜回りや炊き出しなどのアウトリーチ活動の充実／緊急時に利用できるシェルターの設置／無料または低額で医療を受けられる機会の提供など
暮らしの支援
生活保護、自立支援センターなど、既存の公的制度の見直し／家賃補助制度や公的保証人、低所得者向け社会住宅の導入／生活支援やつながり再生の機能を持った住まいの提供など
心と身体の支援
身体障害、知的障害等を抱える人を適切な福祉のセーフティネットに繋げる／心の病を抱える人を治療に繋げる／いつでも誰でも適切な医療・福祉に繋がれるような仕組みづくりなど
社会参加と職業訓練
―準備―
保護士のような公的サポート制度の導入／社会参加への懸け橋となる教育訓練の実施／媒介的労働市場の充実／住宅喪失者も利用できる宿泊型若者支援プログラムの設置／インターンシップやボランティアなどの機会提供など
就業・自立
―継続―
就業体験をベースに働くことの意味を再考できる場の提供／訓練や社会参加に対する社会的就労手当ての支給／NPO、第一次産業等での就労機会の提供／若者の雇用を促進する大規模な基金の創設など
長期的予防
①親の保護を得られない青少年に対する自立支援の強化
②親との関係が悪化してしまった青少年への支援
③知的、精神的などの害の早期発見と継続的な支援
④学習支援による学力保障と職業訓練機会の保障
⑤青少年期から自立するまでの長期・継続的な支援体制
⑥青少年・若者を対象とする総合的な相談・情報窓口の充実

（出所）「若者ホームレス白書」をもとに作成

のエッセンスを紹介したい。

〈緊急〉では、恐怖感から夜、路上で過ごすことができない人、体調が優れない人、空腹で倒れそうな人など、とにかく緊急に助けが必要な人を視野に、食料や医療、緊急避難シェルターの設置を提言。さらにインターネットへのアクセスを含む、情報が気軽に手に入るプラットフォームの設置などを提案している。

〈暮らし〉では、生活保護や自立支援センターなど、既存の公的セーフティネットを当事者が活用しきれていない現実を踏まえ、制度の見直しと改善を提案している。また、失業即ホームレスといった事態に陥らないためにも、低所得者向けの社会住宅の整備や恒久的な家賃補助制度、公的保証人制度の導入など、どんな時でも安心して暮らせる住まいを保障するよう求めている。

〈心と身体〉では、身体障害、知的障害などを抱えているにもかかわらず、適切なセーフティネットに繋がっていない人や、路上生活を送るなかで、うつ的傾向を強めている人を視野に入れた提言を行っている。彼らを必要な治療やセーフティネットに繋げることに加え、自殺企図など、緊急性の伴う場合に備えた一一〇番的なダイヤルの設置、当事者どうしが緩やかに繋がっていける「居場所」づくりなども提案している。

〈社会参加と職業訓練〉では、自立するための準備段階について言及している。若者ホームレスのなかには過酷な労働体験などから、働くことを前向きに捉えられない人たちもいる。また短期アルバイトや派遣の繰り返しなどにより、職業経験を積んで来られなかった人も少なくない。そこで、彼らがそれぞれに合った自立への道を歩めるよう、インターンシップ、ボランティアを含めた社会参加や職業訓練の機会の提供、若者自立支援NPOなどが実施しているプログラムの普及などを提案する。

〈就業・自立〉では、社会参加や就業を継続させるために必要な事柄について指摘している。就職しても職場での人間関係などにつまずき、離職している人が少なくないことから、彼らが働く意味や仕事観を再考できる機会を作り、社会参加や企業インターンなども仕事として社会的就業手当てを支給することを提案。さらに、継続的に働き続けられる〝場〟をNPOや社会的企業、第一次産業など幅広い分野において、広げ、作っていくことを提言している。

〈長期的予防〉では、ホームレスを生まないための長期的予防方策（以下六項目）について言及している。①親の保護を得られない青少年に対する自立支援の強化（自活できるまで物心共に支える社会的支援を行う）、②親との関係が悪化してしまった青少年への支援（親子関係への仲裁や介入を含む。仲裁が困難な場合、家庭に変わる施設等を提供する）、③知的、精神的などの障害の早期発見と継続的な支援、④学習支援による学力保障と職業訓練機会の保障（高校中退者などに対し、社会生活に必要な学力を保障する機会を提供する）、⑤青少年期から自立するまでの長期・継続的な支援体制（学校や地域支援機関等の連携体制とコーディネートする人材の確保を含む）、⑥青少年・若者を対象とする総合的な相談・情報窓口の充実（お金、仕事、住まい、家族関係、教育・訓練、メンタルヘルスなどの相談を含む）。

以上のような提案を『若者ホームレス白書』のなかで行った。

今後もビッグイシュー基金では、これらの提案を現実化させていくため、現場でのサポート活動に加え、問題の深刻さと緊急性を広く社会に訴えるため、関係機関や市民社会と一体となり、若者をホームレスにしないための活動を続けていく予定だ。

†人と人との繋がりのなかで

二年もの間、若者ホームレスの人たちの話を聞いてきた。彼らは今、どうしているのか？　消息不明になってしまった人、今もビックイシューの販売を続けている人が多い中、ごく少数ではあるが、自立への一歩を踏み出した人たちもいる。品川肇さん（三七歳）もその一人だ。彼は半年前まで、東京の路上でビックイシューを販売するホームレスだった。

九州の離島出身の品川さんが東京でホームレスになったのは、二〇〇八年末のこと。父親との不和から実家を飛び出し、広島、名古屋、静岡、神奈川、埼玉で製造業派遣、土木作業員など職を転々としながら数年を過ごしてきたが、二〇〇八年一一月、大宮の自動車工場で派遣切りに遭って路上へ出ざるを得なくなったという。

「親からは「二度と助け船は出さない」と言われているので、頼ることはできないんです。長いこと実家でニートをやってたようなもんなんで仕方ないとあきらめてます」

今も家族とは一切連絡を取っていない。

子供時代から真面目で理屈っぽいところがあった品川さん。勉強は得意な方で中学時代は水泳部などで活躍した。高校卒業後は父親のすすめに従い、陸上自衛隊に入隊。

「好きな水泳や音楽ができるし免許も取れると言われたんですが、騙されただけだった。自分の理屈っぽい性格が災いして、イジメの標的にされました。つらいことばっかりだったんで、あまり思い出したくありません」

四年の任期が切れた後、実家に戻った品川さんは、自衛隊で受けたトラウマのためか、しばらくは何もできず、抜け殻のような生活を送っていたという。

「パチンコに行ってこづかい程度は稼いでいましたけど、ニートに変わりないですからね。小さな田舎で世間体を気にする親には耐えられなかったんでしょう」

その後、地元のスーパーに職を得た品川さん。熱心な働きぶりが評価され、入社四カ月で副店長に抜擢される。仕事は忙しくもやりがいがあり、結婚を意識するような恋人もできた。しかしすべてが順風満帆に運ぶかにみえたのも束の間、最愛の彼女が自殺を図り、帰らぬ人となってしまったのだ。ショックのあまりパニック障害になり、再び自宅へ引きこもってしまった品川さん。

「生きているのがしんどくて、物事を深く考えることができなくなっていました。しばらく家にひきこもった後、実家の空いてる土地で農業をやってみることにしたんです」

手探りで始めた農業は少しずつ軌道に乗り、野菜のほか、メロン、米なども収穫できるようになっていった。スーパーでの勤務経験があった品川さんは農協を通さない直販形式にこだわったが、周囲を気にする父親はそれを許さなかった。

「親には農業を始める時の資金とか、それ以前に作ったギャンブルの借金で迷惑をかけてきたんで、そのイライラもあったんだと思います。これまでのごちゃごちゃが積み重なって、オヤジとの関係はもはや修復不能。激しく衝突して、実家を出ることになったんです」

最初に品川さんに会ったのは、彼がビッグイシューを売り始めて一カ月ほど経ったころだった。神宮前周辺での販売がうまく行かず、長く続けられるかわからないこと、今も気持ちの浮き沈みが激しく、パニック発作に襲われそうになること、しばらくは心を落ち着かせたいので就職先を探すつもりはないことなど、自分の状態を冷静に分析しながら話す彼の様子を今も鮮明に覚えている。

「ビッグイシューの販売に関しては、売れないとすぐあきらめちゃうところがありましたね。「もう販売を辞めようと思う」って道具を返しに来たこともあって、いつも心配してみていました」と話すのは、ビッグイシューのスタッフ服部広隆さん。

街頭に立ち続け、お客さんが買ってくれるのを待つビッグイシューの販売は、想像以上に過酷なものだ。特に若者の場合、販売者登録しても、実際に定着する人はそう多くない。ビッグイシューの販売者は、雑誌を仕入れるため、事務所に立ち寄り、スタッフや他の販売者と情報交換をして販売に出かけていく。品川さんは気さくに話をするものの、いつも一定の距離を置き、壁を作っているような感じだった。
「確かに最初の頃は「そう簡単にうまく行くわけないよ」って気持ち的に引いたところがありましたね。それがどこで吹っ切れたのか、自分でもよくわからないんです。路上に立っていろんな人と出会うことで変わっていったのかな？　神宮前で販売していた時、グリーンバードっていうゴミ拾いのボランティアに参加したことも自分を変えるという意味では大きかったかもしれない」（品川さん）
グリーンバードは、街の清掃活動を自主的に行うNPO団体だ。原宿・表参道から始まり、その運動は各地に広がっているという。
「いつものように販売していると、ゼッケンをつけたボランティアの人たちが一斉にゴミを拾い始めたんです。自分が売らせてもらってる街だし、ゴミが散らばっているのも気になっていたんで、一緒にやることにしました。いつも街頭に立っているから、どこにゴミが捨てられやすいとか、そういうのもわかるから都合がいいんですよ。そうしたら〝ホームレスなのにボランティアしてる人がいる〟って有名になっちゃって（笑）。いろんな人から声をかけられるようになったんです」

†ホームレスワールドカップ

もう一つ、品川さんを語るのに欠かせないのは、ホームレスワールドカップだろう。ホームレスワールドカップは、年に一度、ホームレス状態にある人だけが参加できるサッカーの世界大会だ。ビッグイシューでも、二〇〇九年九月に開催されるミラノ大会への参加を目指してチームを作り、練習に励んでいた。品川さんは販売者になって約二カ月後、チームに加わり、隔週日曜日の練習に参加するようになった。

「あんまり乗り気じゃなかった彼を「メンバーが足りないから」って誘ったのが始まりです。東京と大阪でそれぞれチームを作って練習し、ミラノ大会に行く一カ月前に選考大会を開催し、出場選手を選出することになりました」(ビッグイシュースタッフ服部さん)

品川さんは見事選手に選ばれ、ミラノ行きが決まった。パスポートを取得するため、戸籍抄本を取り寄せた彼はある事実を知ることになる。

「数年前、母親が亡くなっていたことがわかったんです。オヤジとは死ぬまで会わない覚悟はできていたけれど、母親には会って謝りたいとずっと思っていました」

以前、どうしても家族の声が聞きたくなり、間違い電話を装って電話した時のことを話してくれた品川さん。こんな形で母親の悲報を知るとは、どれほどつらかったろう。それでも彼は悲しみを心深くに沈め、選手としての使命を果たすべく、ミラノへと旅立って行った。

ほぼ全員がサッカー初心者、東京と大阪に分かれてバラバラに練習してきたメンバーたちが一つのチームとして一致団結していくのは容易なことではない。

「常に冷静で落ち着いている品川さんは東京チームのキャプテンに選ばれたんです。でも本人は自信がなく、プレッシャーに感じていたようで、キャプテンは大阪のメンバーが引き受け、品川さんは副キャプテンになりました」と話すのは、日本チームのコーチとして現地に赴いた金沢伸行さん。

日本チームは「あきらめないこと」をスローガンに練習を重ねてきた。

「品川さんはディフェンダーでしたが、プレー中粘りが足りないところがあった。練習試合でも点差がついてしまったり、相手が強豪だったりすると「もう無理でしょう」って走るのをあきらめちゃうことが度々あったんですね。でもミラノでは違っていました」

試合を重ねるごとにチームの結束が固まり、仲間の絆が深まっていった。相手がどんなに強敵でも、どれほど点差が開こうとも、最後まであきらめず、ボールを追い続ける日本チームのメンバーたちの姿がそこにあった。

「他のメンバーの姿に刺激され、触発されたんでしょう。いつも一歩引いた目線で見ていた品川さんが、自分が頑張ることでチームを変えられる、自分も主役になれるんだと感じたんだと思います」

世界六四カ国から約七〇〇人の選手が参加したホームレスワールドカップミラノ大会での日本チームの成績は二勝一一敗。参加四八チーム中、四六位という結果だったが、対戦相手が誰であっても最後の最後までボールに食らいついていく粘りが評価され、日本チームは「ファイティングスピリッツ賞」を受賞した。

「僕は品川さんを一選手としてしか見たことはないので、大会への参加が彼のホームレス脱出に繫がるかどうかとか、そういうことはわかりません。でもホームレスワールドカップを通してチームは変わったし、品川さんも、他のメンバーも決してあきらめないことの大切さを知ったことだけは確かですね」(金沢さん)

品川さんはホームレスワールドカップへの参加を次のように振り返る。

「一番強く感じたのは、自分は生きているだけで幸せなんだってことだった。他国のホームレスの人たちは日本とは比べものにならないくらいひどい状況の中にいるって話を聞いて自分を見つめ直したんですよ」

†みずから手繰り寄せた幸運

ミラノでの熱い日々から再び雑誌販売の日々へ。日本チームのメンバーのなかには、路上脱出に向け、積極的に就職活動を始めた人もいたが、品川さんは以前と変わらぬ日々を淡々と過ごしていた。ミラノ大会出場の数ヵ月前から一日の天気、販売冊数、購入層などを書き留めた「販売ノート」をつけていた品川さん。お客さんへの感謝の手紙を書いて最新号に挟み込むなど、独自のサービスもスタートさせた。

品川さんからビッグイシューを購入していたという生姜塚理恵さんは、彼の販売に対するプロフェッショナルな姿勢に感心させられていたという。

「どんな時でも手をまっすぐ空にかかげて雑誌を持ち、道行く人に元気よく声をかける彼の姿にいつも励まされていました。苦しいホームレス状態にあって、卑屈になってもおかしくないはずなのに、なぜ彼はあんなに堂々と視線をまっすぐに向けていられるんだろう。今の時代、一生懸命生きるなんてカッコ悪いという風潮があるけれど、彼が一生懸命働く姿を私は心の底からカッコイイと感じたし、その姿を多くの人に知ってもらいたいと思ったんです」

生姜塚さんはみずから運営にかかわるシブヤ大学（NPOが立ち上げた一般市民向けの無料公開講座）で品川さんを講師として招き、授業をしてもらう企画を立てた。

「彼なら絶対できるとひらめきました。参加者に原宿駅へ集合してもらい、品川さんの案内で街を歩きます。彼のビッグイシュー販売場所や休憩場所、昼食を食べる場所などをめぐりながら、彼の目線で街について、そこに集う人々について語ってもらいました。お金に余裕がある時だけに訪れるといううどん屋さんに入って、品川さんがいつも食べるという、素うどんに無料の揚げ玉をかけた〝ホームレスセット〟をみんなで食べたりしたんですよ（笑）」（生姜塚さん）

シブヤ大学での講師の仕事は品川さんにとってても大きな自信に繋がったようだ。ビッグイシュー、グリーンバード、ホームレスワールドカップ、シブヤ大学……さまざまな場所で人と人の繋がりを地道に築いていった品川さん。

ある日、ホームレスワールドカップ日本チームのコーチ金沢さんから連絡が入った。それは「ある修道会が持っている土地で住み込みで農業をやってくれる人を探している」というものだった。農業の学校を卒業し、就農を目指していた金沢さんのもとに来た話だったが、金沢さんは他に土地を見つけていたため、品川さんに声をかけたのだという。

「もう一度、農業をやりたいという思いはずっと持っていました。土地を見せてもらい、条件を聞いて「これならやって行かれるかもしれない」と判断し、受けることにしたんです」

二〇一〇年三月、ビッグイシューを卒業し、その土地へ移り住んだ品川さんは土づくりから始め、タマネギ、にんじん、トマト、インゲン、ほうれん草などの野菜を収穫できるまでになった。夏には、豊作だったキュウリ、枝豆、シシトウ、なすを担いで東京のビッグイシュー事務所を訪れ、販売者やスタッフに自作の野菜を振る舞った。

「人里離れた田舎にひとりぼっちなんで、寂しいこともあります。でも、組織で人間関係のゴタゴタに巻き込まれるより、自分には合っていると思っています。マイペースで仕事ができるのが何よりです」

彼に仕事を紹介した修道会のシスターたちも喜んだ。

「以前、さつまいもを植えたことがあったけれど、結局育たずに枯れてしまいました。品川さんはすごく研究熱心で感心させられます。これからも付かず離れず見守りながら、助け合える関係を築いていきたいですね」

二〇一〇年九月、ホームレスワールドカップを題材にした映画イベントに日本チームのメンバーが再集結した。品川さんは映画館に来場した観客の前で、新しい一歩を踏み出したことを報告し、拍手で迎えられた。元日本チームの中には、品川さんのほかにも、仕事を見つけ、自立への道を歩んでいる若いメンバーもいる。

「今もよく連絡を取り合っています。ライバルじゃないけど、一人じゃないから頑張れるっていうのはありますね」

会場には、品川さんからビッグイシューを買っていたお客さん、グリーンバートのお掃除仲間、シブヤ大学の参加者らが駆けつけ、久しぶりの再会を果たした。

かつて農業に従事していた経験を生かし、喜びややりがいを感じられる仕事を見つけた品川さん。

「有機農業をもっともっと研究して、健康になれる野菜づくりをすることが夢。夢を持つことでこんなに前向きになれるものだとは知らなかった」と小麦色に日焼けし、見違えるほど精悍な体つきになった品川さんはニッコリ微笑んだ。

†リセットできない大切なもの

と……ここで彼の物語は終わるはずだった。

しかし、最後に品川さんと話してから二週間ほど経った一一月初旬、彼が「農園から消えた」との連絡が入った。お世話になったシスターに何の連絡もせず、忽然と姿を消したのだ。

「なぜ?」という思いが強い一方、「やっぱり」という思いもないわけではなかった。これまでにも同じようなケースがあったからだ。

若者ホームレスの人たちは年齢が若いことからも、個人的に仕事のオファーを受けることがある。中高年ホームレスの人たちに比べ、就職が決まる確率も高い。しかし若者の場合、途中で辞めてしまう確率もまた高いのだ。

「明日から千葉で住み込みの仕事が決まったから、会えるのは今日が最後」と嬉々とした表情で話してくれた二〇代前半のビッグイシュー販売者がいた。しかし旅立ちを喜んだのも束の間、三日で姿を消してしまったと雇い主から連絡が入ったのだった。

せめて「考えていた仕事と違う」とか、「自分に向かないと思った」とか、何でもいいから説明するなり、退職願を渡すなりするのが、社会常識だろうに、なぜ忽然と姿を消してしまうのか？　そんなできごとに遭遇するたびに、若者ホームレスと関わることの難しさを痛感する。

〝行方不明〟になってからさらに数日経ったある日、品川さんは大阪のビッグイシュー事務所へひょっこり現れた。事務所のスタッフたちはとりあえず元気な彼の姿を見てホッとしたと言うが、彼はもう農園に戻るつもりはないのだという。それから数日して、私は彼と電話で話すことができた。

突然姿を消したことについて、「パニック発作の症状が出て、気がついたらサンダル履きのまま自転車に乗って駅に向かっていた。電車で焼津に着いたころ我に返ったけど、こんなことになっちゃったから戻れなかった」のだという。実は十月中旬ころから、品川さんが一人で耕していた農園に仲間が一人増えた。

「シスターの許可をもらって誘ったんです。最初はうまく行ってたんですけど、仕事のやり方で衝突することが増えてそれがものすごいストレスになっていたと思う。でも飛び出したのは自分だし、悪いのも自分。ビッグイシューで知り合った東京の人たちにはとても顔向けできないから、とにかく離れようと思って西を目指しました」

名古屋を経て、大阪にたどり着いた品川さんは期待を裏切った罪悪感に押しつぶされそうになりながら、大阪駅の地下街を彷徨っていたのだという。

「大阪事務所に行ってみようと思ったけど、身体が動かずうずくまっていたら、手配師が声をかけてきたんです。「飯場の仕事あるよ」って。そこでハッとしました。この話に乗ったらまた同じことの繰り返しだって」

意を決して大阪事務所の扉を叩いた品川さんは、スタッフたちの対応にすっかり拍子抜けしたという。

「怒鳴られるんじゃないか、追い返されるんじゃないかと思ったら誰も自分を責めなかった。一緒にサッカーワールドカップに行った販売者仲間もいて「よっ、久しぶり」って出迎えてくれて、面食らっちゃいましたよ」

品川さんになぜ我に返った後も、何の連絡も取らなかったのか聞くと「自衛隊も派遣も契約切れで辞めているし、飯場は満期かトンコ（逃亡）して終わり。だからどうすればいいのかわからなかった」という。

じゃあこれまで品川さんを信じ、応援してきた人たちとはこれで終わりなのか？　一生会わないつもりか？

「僕のことは完全に記憶から消し去ってもらいたい――そう思って連絡しなかったんです。昔から切羽詰まるとリセットボタンを押しちゃう癖がある。いつもそうやって逃げてきた。人間関係も何もかもすべてリセットしちゃう。でも今回は完全にリセットできなかった……」

一度押したはずのリセットボタン。でもそこには完全にリセットしきれない人間関係があったようだ。

前述の品川さんをシブヤ大学に招いた生姜塚さんに最近のいきさつを話すと彼女は開口一番「無事で良かった！」と言った。

「実は一〇月末に彼から「来週久しぶりに東京に行かれるかも」って連絡があったんです。でもその後連絡が取れなくて、心配していたところだった。彼がそう選択したならそれはそれ。また東京に戻ってきてほしい」

シスターも彼のことを案じている。

「最初は事故にあったんじゃないかと思って、ものすごく心配したんですよ。彼もいろいろ悩みを抱えていたんでしょう。〝ただいま〟って帰ってくる日を待っているし、もし帰らなくてもいつか訪ねてきてくれることを願っています。この程度のことで切れるような関係じゃないですよ」

　品川さんの例は、若者ホームレスの自立が一筋縄ではいかないことを端的に物語っているだろう。本書を通してみてきたように、若者ホームレスの問題には、貧困、希薄な家族関係、劣悪な労働環境、心の病……など複合的な問題が絡まり合っている。だからこそ、ホームレス状態から抜けだすことは容易なことではないのだ。

　彼はせっかく得た貴重な仕事を失ってしまったが、人と人の繫がりの上に少しずつ築き上げられつつある彼の人生は完全に振り出しに戻ったわけではない。ビッグイシューの販売者仲間、スタッフ、お客さん、サッカーメンバー、ボランティア仲間、修道会のシスターたち……彼自身の幸せを一番に考える、簡単にはリセットできない大切な人たちがいる。人間関係のありがたさやしがらみも含めて、〝リセットできない大切なもの〟を積み重ねていくのが人生ではないだろうか。

　一歩進んで二歩下がるような、遅々とした歩みを繰り返しながら、続いていくであろう品川さんの人生をこれからも見守っていきたいと思う。

おわりに

若者ホームレスの置かれている状況、生まれ育った家庭、これまでの仕事歴について、彼ら自身の言葉で語ってもらった。あまりにも過酷な現実に読み進めることが苦しくなった読者がいたかもしれない。

インタビュー調査を始めた当初、若者ホームレスが生み出される元凶には、雇用の非正規化や不安定就労の増加など、昨今の労働問題があると考えてきた。安定した仕事さえあれば家を失うことはなく、ホームレスになることはない。

実際、若者ホームレスの大半は、退職や解雇などを契機に安定を失った末、路上に出ている。しかし、仮に仕事や住居が確保できたとしても、ホームレス状態から完全に抜け出すことは容易でないことも次第に明らかになってきた。

彼らの多くは、学歴が低い、貧困家庭に育った、頼るべき家族をもたない……などホームレスになる以前から非常に困難な立場に身を置いてきた。また路上にいることによって、うつ状態を募らせ、社会復帰することが容易でない人もいる。

若者ホームレスの問題は労働問題、住宅問題であるが、それだけではない。予防も含め、長期的かつ包括的にみていかなければ解決し得ない問題であるということができるだろう。

二〇〇八年秋から二〇一〇年春までインタビュー調査を実施してきた。状況は刻一刻と変化している。ビッグイシューの販売者を中心に調査を開始したが、当初は対象者を探すことが簡単ではなかった。しかし、二〇〇八年のリーマンショックを経た、二〇〇九年春ごろから、ビッグイシューにもかなりの数の若者ホームレスがやって来るようになり、二〇代前半などの若い層も増えていった。

インタビュー調査を始めてから二年の月日が流れた。最初のころに話を聞かせてもらった若者から「あれはいつ形になるの？　今の状況を代弁してもらえるかなって話したんだから、早く発表してよ」と言われ、ハッとしたこともある。一人ひとりの言葉の重みを深く受け止めながらの出版となった。

また今回の調査対象者は全員が男性であったことも断っておかなければならない。女性のホームレスがいないというわけではなく、炊き出し等で女性の姿を見かけることもある。また仕事を失い、家を失った女性やDVによって家を出ざるを得なくなった女性が援助交際をしてかろうじて寝場所を確保しているという話を聞くこともある。女性が路上に出ることは、大変な危険を伴う行為なため、何としても路上を避けようとする。それゆえ、女性ホームレスは、路上に出るという形では顕在化しにくく、その分問題もまた深刻であることが予想される。女性の置かれている状況については、さらなる調査、分析が必要なことは言うまでもない。

ちょっとしたボタンの掛け違いで、誰でもホームレス状態になり得る現代は本当に厳しい時代だ。今、幸福のなかにいる人もいつどうなるかわからない。程度の差こそあれ、「この先どうなるのか?」という抑えがたい不安と何があっても自己責任だから「助けてもらえないんだろう」という諦念を誰もが抱えているのではないだろうか。

また住まいがあっても社会から孤立している人、一人ぼっちの人は大勢いる。彼らが抱く孤独は、誰からも顧みられず、一人路上で過ごすホームレスの人たちの抱える孤独に近いものかもしれない。

しかし、だからこそ、未来に対する不安感や漠然とした孤独感を「私があなただったら、あなたが私だったら」と相手の立場を理解し合い、手を差し伸べ合う契機に変えることができたらいいと思う。

重苦しい話ばかりを書いてきたが、私が出会った若者ホームレスの多くはたくましく、日々を元気に生き抜いている。

ビッグイシューの事務所には仕事の合間にやってくる販売者でいつも賑わっているが、路上で体験したできごとをユーモラスに語る人や、少ない稼ぎのなかから皆のためにとちょっとした差し入れを買ってくる人などの姿をみるといつもこちらが元気になる。

「いつのころからか、東京の街を自分が住む〝大邸宅〟と思うようになったんだ（笑）。ベッドは新宿の中央公園内、居間（喫煙場所）は新宿のハイアットリージェンシー。タンス（ロッカー）は大久保駅前で、書庫は新宿通りのジュンク堂。書斎は永田町の国会図書館……。邸宅が広すぎちゃって移動に手間取るけど、そう考えると結構楽しいよ」と冗談を飛ばし、皆を笑わすのは、東京の街をリサイクルショップで購入した自転車で駆け抜ける高崎明政さん（三七歳）。

決してべったりした関係ではないが、販売者どうし、緩い絆で結びついているようだ。

若者ホームレス問題は一朝一夕でどうにかなるものではない。緊急支援から、生活支援、就労支援はもちろん、予防も含めた包括的支援が必要であることがわかった。ビッグイシュー基金では、本書にも記した、若者ホームレス施策検討委員会（宮本みち子委員長）での議論をもとにした「若者ホームレス白書」の発行を行うほか、「若者をホームレスにさせないため」の活動を今後も継続して行っていく予定だ。

最後に数時間にもわたって快く話を聞かせてくれた若者ホームレスの人たちに心の底から深く感謝したい。匿名とはいえ、かなりプライベートに踏み込んだ話や「こんなことを聞いてしまっていいのか？」という話をたくさん聞かせてもらった。過去の思い出したくない記憶やトラウマに触れ、心に土足で踏みいるような質問をしてしまったこともあったかもしれない。この本はそんな彼らの声がなければ決して完成しなかった。『ルポ　若者ホームレス』の著者は、ほかでもない、彼ら自身なのだということを記し、ペンを置きたいと思う。

二〇一〇年一一月

飯島裕子

ちくま新書
883

ルポ　若者《わかもの》ホームレス

二〇一一年一月一〇日　第一刷発行

著者　飯島裕子（いいじま・ゆうこ）
ビッグイシュー基金（びっぐいしゅーききん）

発行者　菊池明郎

発行所　株式会社筑摩書房
東京都台東区蔵前二－五－三　郵便番号一一一－八七五五
振替〇〇一六〇－八－四一二三

装幀者　間村俊一

印刷・製本　株式会社精興社

乱丁・落丁本の場合は、左記宛にご送付下さい。
送料小社負担でお取り替えいたします。
ご注文・お問い合わせも左記へお願いいたします。
筑摩書房サービスセンター
〒三三一－八五〇七　さいたま市北区櫛引町二－六〇四
電話〇四八－六五一－〇〇五三

ISBN978-4-480-06589-6 C0236

ちくま新書

543
義務教育を問いなおす
藤田英典
義務教育の改革が急ピッチで進められている。だが、その方途は正しいのか。義務教育制度の意義と問題点を見つめなおし、改革の道筋を照らす教育社会学の成果。

653
こんなに役立つ数学入門
――高校数学で解く社会問題
広田照幸編
川西琢也編
地震に松枯れ、格差問題に総選挙……。さまざまな問題を解く上で、数学はフルに活用されている。第一線に立つ研究者が自らの体験を交えて語る、高校数学の底力。

679
大学の教育力
――何を教え、学ぶか
金子元久
日本の大学が直面する課題を、歴史的かつグローバルな文脈のなかで捉えなおし、高等教育が確実な「教育力」をもつための方途を考える。大学関係者必読の一冊。

691
日本を教育した人々
齋藤孝
資源に乏しい島国・日本にとって、未来のすべては「人づくり」にある。吉田松陰、福沢諭吉、夏目漱石、司馬遼太郎を例に、劣化する日本の再生の可能性を考える。

697
子どもをナメるな
――賢い消費者をつくる教育
中島隆信
重要なのはモラルよりも損得感覚。正しい消費者を作ることが義務教育の目的だ。教育問題の本質を鮮やかに示し、理念から各教科の具体的なあり方までを論じる。

721
中高一貫校
日能研進学情報室
中学入試が定着したいま、小学校高学年の子どもをもつ親の意志がとても重要になっています。中学高校は多感な時期。預け先を間違えないための秘訣を伝授します。

733
代表的日本人
齋藤孝
人作りの伝統は再生できるか？　嘉納治五郎の武道力・与謝野晶子の女性力・佐藤紅緑の少年力・斎藤親子の翻訳力・岡田虎二郎の静坐力の五つの力に手がかりを探る。

ちくま新書

683
ウェブ炎上
――ネット群集の暴走と可能性
荻上チキ
ブログ等で、ある人物への批判が殺到し、収拾不能になることがある。こうした「炎上」が生じる仕組みを明らかにし、その可能性を探る。ネット時代の教養書である。

708
3年で辞めた若者はどこへ行ったのか
――アウトサイダーの時代
城繁幸
『若者はなぜ3年で辞めるのか？』で昭和的価値観に苦しむ若者を描いた著者が、辞めたアウトサイダー達の「平成的な生き方」を追跡する。

710
友だち地獄
――「空気を読む」世代のサバイバル
土井隆義
周囲から浮かないよう気を遣い、その場の空気を読もうとするケータイ世代。いじめ、ひきこもり、リストカットなどから、若い人たちのキツさと希望のありかを描く。

718
社会学の名著30
竹内洋
社会学は一見わかりやすそうで意外に手ごわい。でも良質の解説書に導かれれば知的興奮を覚えるようになる。30冊を通して社会学の面白さを伝える、魅惑の入門書。

728
若者はなぜ正社員になれないのか
川崎昌平
日雇いバイトでわずかの生活費を稼ぐ二六歳、無職。正社員めざし重い腰を上げるが数々の難関が行く手を阻む。彼は何をつかむのか？　実録・フリーターの就職活動。

736
ドキュメント　死刑囚
篠田博之
児童を襲い、残虐に殺害。死刑執行された宮崎と宅間。そして確定囚の小林。謝罪の言葉を口にすることなく、むしろ社会を挑発した彼らの肉声から見えた真実とは。

746
安全。でも、安心できない…
――信頼をめぐる心理学
中谷内一也
凶悪犯罪、自然災害、食品偽装……。現代社会に潜むリスクを「適切に怖がる」にはどうすべきか？　理性と感情のメカニズムをふまえて信頼のマネジメントを提示する。

ちくま新書

263 消費資本主義のゆくえ ——コンビニから見た日本経済　松原隆一郎
既存の経済理論では説明できない九〇年代以降の消費不況。戦後日本の行動様式の変遷を追いつつ、「消費資本主義」というキーワードで現代経済を明快に解説する。

336 高校生のための経済学入門　小塩隆士
日本の高校では経済学をきちんと教えていないようだ。本書では、実践の場面で生かせる経済学の考え方をわかりやすく解説する。お父さんにもピッタリの再入門書。

340 現場主義の知的生産法　関満博
現場には常に「発見」がある！　現場ひとすじ三〇年、国内外の六〇〇〇工場を踏査した〝歩く経済学者〟が、現場調査の要諦と、そのまとめ方を初めて明かす。

396 組織戦略の考え方 ——企業経営の健全性のために　沼上幹
組織を腐らせてしまわぬため、主体的に思考し実践しよう！　組織設計の基本から腐敗への対処法まで「これウチの会社！」と誰もが嘆くケース満載の組織戦略入門。

427 週末起業　藤井孝一
週末を利用すれば、会社に勤めながらローリスクで起業できる！　本書では「こんな時代」をたくましく生きる術を提案し、その魅力と具体的な事例を紹介する。

458 経営がわかる会計入門　永野則雄
長引く不況下を生きぬくには、経営の実情と一歩先を読みとくための「会計」知識が欠かせない。現実の会社の「生きた数字」を例に説く、役に立つ入門書の決定版！

459 はじめて学ぶ金融論〈ビジュアル新書〉　中北徹
複雑な金融の仕組みを、図を用いてわかりやすく解説。情報の非対称性、不良債権、税効果会計など、基本から最新のトピックを網羅。これ一冊で金融がわかる！

ちくま新書

502
ゲーム理論を読みとく
――戦略的理性の批判
竹田茂夫
ビジネスから各種の紛争処理まで万能の方法論となっているゲーム理論。現代を支配する〝戦略的思考〟のエッセンスと限界を描き、そこからの離脱の可能性をさぐる。

512
日本経済を学ぶ
岩田規久男
この先の日本経済をどう見ればよいのか？　戦後高度成長期から平成の「失われた一〇年」までを学びなおし、さまざまな課題をきちんと捉える、最新で最良の入門書。

516
金融史がわかれば世界がわかる
――「金融力」とは何か
倉都康行
マネーに翻弄され続けてきた近現代。その変遷を捉え直し、世界の金融取引がどのように発展してきたかを整理しながら、「国際金融のいま」を歴史の中で位置づける。

559
中国経済のジレンマ
――資本主義への道
関志雄《カンシユウ》
成長を謳歌する一方で、歪んだ発展が社会を蝕んでいる中国。ジレンマに陥る「巨龍」はどこへ行くのか？　移行期の経済構造を分析し、その潜在力を冷静に見極める。

565
使える！　確率的思考
小島寛之
この世は半歩先さえ不確かだ。上手に生きるには、可能性を見積もり適切な行動を選択する力が欠かせない。確率のテクニックを駆使して賢く判断する思考法を伝授！

567
四〇歳からの勉強法
三輪裕範
商社マンとしてＭＢＡを獲得し、数冊の著書を持つ著者が、時間の作り方、効率的な情報収集術、英語習得法、無駄のない本選びなど、秘伝の勉強法を提示する。

582
ウェブ進化論
――本当の大変化はこれから始まる
梅田望夫
グーグルが象徴する技術革新とブログ人口の急増により、知の再編と経済の劇的な転換が始まった。知らないではすまされない、コストゼロが生む脅威の世界の全体像。

770 世界同時不況　岩田規久男

二〇〇八年秋に発生した世界金融危機は、百年に一度の未曾有の危機といわれる。この世界同時不況は、一九三〇年代の世界大恐慌から何を教訓として学べるだろうか。

780 資本主義の暴走をいかに抑えるか　柴田德太郎

資本主義とは、不安定性を抱えもったものだ。これに対処すべく歴史的に様々な制度が構築されてきたが、現在、世界を覆う経済危機にはどんな制度で臨めばよいのか。

786 金融危機にどう立ち向かうか――「失われた15年」の教訓　田中隆之

「失われた15年」において、日本では量的緩和など多様な金融財政政策が打ち出された。これらの政策は、どのような狙いと効果をもったのか。平成不況を総括する。

807 使える！　経済学の考え方――みんなをより幸せにするための論理　小島寛之

人は不確実性下においていかなる論理と嗜好をもって意思決定するのか。人間行動の本質を確率理論を用いて抽出し、「幸福な社会」のあり方をロジカルに基礎づける。

377 人はなぜ「美しい」がわかるのか　橋本治

「美しい」とはどういう心の働きなのか？「合理性」や「カッコよさ」とはどう違うのか？　日本の古典や美術に造詣の深い、活字の鉄人による「美」をめぐる人生論。

415 お姫様とジェンダー――アニメで学ぶ男と女のジェンダー学入門　若桑みどり

白雪姫、シンデレラ、眠り姫などの昔話にはどのような意味が隠されているか。世界中で人気のディズニーのアニメを使って考えるジェンダー学入門の実験的講義。

432 「不自由」論――「何でも自己決定」の限界　仲正昌樹

「人間は自由だ」という考えが暴走したとき、ナチズムやマイノリティ問題が生まれる――。逆説に満ちたこの問題を解きほぐし、21世紀のあるべき倫理を探究する。

ちくま新書

469 公共哲学とは何か　山脇直司
滅私奉公の世に逆戻りすることなく私たちの社会に公共性を取り戻すことは可能か？　個人を活かしながら公共性を開花させる道筋を根源から問う知の実践への招待。

473 ナショナリズム　――名著でたどる日本思想入門　浅羽通明
小泉首相の靖国参拝や自衛隊のイラク派遣、北朝鮮による拉致問題などが浮上している。十冊の名著を通して、日本ナショナリズムの系譜と今後の可能性を考える。

474 アナーキズム　――名著でたどる日本思想入門　浅羽通明
大杉栄、竹中労から松本零士、笠井潔まで十冊の名著をたどりながら、日本のアナーキズムの潮流を俯瞰する。常に若者を魅了したこの思想の現在的意味を考える。

532 靖国問題　高橋哲哉
戦後六十年を経て、なお問題でありつづける「靖国」を、具体的な歴史の場から見直し、それが「国家」の装置としていかなる役割を担ってきたのかを明らかにする。

569 無思想の発見　養老孟司
日本人はなぜ無思想なのか。それはつまり、「ゼロ」のようなものではないか。「無思想の思想」を手がかりに、日本が抱える諸問題を論じ、閉塞した現代に風穴を開ける。

578 「かわいい」論　四方田犬彦
キティちゃん、ポケモン、セーラームーン――。日本製のキャラクター商品はなぜ世界中で愛されるのか？「かわいい」の構造を美学的に分析する初めての試み。

623 1968年　絓《すが》秀実
フェミニズム、核家族化、自分さがし、地方の喪失などに刻印された現代社会は「1968年」によって生まれた。戦後日本の分岐点となった激しい一年の正体に迫る。

ちくま新書

617
下流喰い
——消費者金融の実態
須田慎一郎
格差社会の暗部で弱者を貪り肥大化した消費者金融。その甘い蜜を求め大手銀行とヤミ金が争奪戦を演じる……。現代社会の地殻変動を活写した衝撃のノンフィクション。

659
現代の貧困
——ワーキングプア／ホームレス／生活保護
岩田正美
貧困は人々の人格も、家族も、希望も、やすやすと打ち砕く。この国で今、そうした貧困に苦しむのは「不利な人々」ばかりだ。なぜ？ 処方箋は？ をトータルに描く。

673
ルポ 最底辺
——不安定就労と野宿
生田武志
野宿者はなぜ増えるのか？ フリーターが「若者」ではなくなった時どうなるのか？ 野宿と若者の問題を同じ位相で捉え、社会の暗部で人々が直面する現実を報告する。

720
いま、働くということ
大庭健
仕事をするのはお金のため？ それとも自己実現？ 不安定就労が増す一方で、過重労働にあえぐ正社員たち。現実を踏まえながら、いま、「働く」ことの意味を問う。

728
若者はなぜ正社員になれないのか
川崎昌平
日雇いバイトでわずかの生活費を稼ぐ二六歳、無職。正社員めざし重い腰を上げるが数々の難関が行く手を阻む。彼は何をつかむのか？ 実録・フリーターの就職活動。

809
ドキュメント 高校中退
——いま、貧困がうまれる場所
青砥恭
高校を中退し、アルバイトすらできない貧困状態へと落ちていく。もはやそれは教育問題ではなく、社会を揺るがす問題である。知られざる高校中退の実態に迫る。

817
教育の職業的意義
——若者、学校、社会をつなぐ
本田由紀
このままでは、教育も仕事も、若者たちにとって壮大な詐欺でしかない。教育と社会との壊れた連環を修復し、日本社会の再編を考える。